「共謀罪」を問う

法の解釈・運用をめぐる問題点

松宮孝明 著

法律文化社

はじめに

　本（2017）年6月15日、参議院本会議は、法務委員会での審議を中断して、「共謀罪」法案[1]を自民、公明、維新、こころの賛成で可決してしまった。これは、国会法56条の3[2]にある、「必要があるとき」を要件とする委員会の中間報告を経て、「議院が特に緊急を要すると認めたとき」に許される「議院の会議において審議することができる」という条項を用いたものである。しかし、法務委員会ではまだ17時間程度しか審議されていない本法案をこの時点で可決することは、加計学園獣医学部設置をめぐる疑惑の追及を恐れて国会の会期延長を避けたい現政権の思惑を受けた、暴挙であった。

　本法案の審議では、現政権によって、最初から、テロ組織を対象とするものではない条約をテロ対策条約のように見せかける欺瞞、条約批准にとって必ずしも必要でない広範囲な「共謀罪」を必要であるとする欺瞞、テロ組織への限定がない「共謀罪」を「テロ等準備罪」と呼ぶ欺瞞、そして「組織的犯罪集団」の広汎性や「組織的犯罪集団」に属さない人々にも適用される法律であることを明確にしない欺瞞といった、様々な「国民騙し」の手口が用いられた。また、「共謀罪」にとどまらず、それを調査ないし捜査する手法である「通信傍受」や「会話傍受」、その他のデータの活用によって、人々のプライバシーが丸裸にされるという問題も、国会では十分に解明されないままであった。本書は、そのような「共謀罪」提案の背景と本罪の特徴を明らかにするものである。

1）　正式には、「組織的な犯罪の処罰及び犯罪収益の規制等に関する法律等の一部を改正する法律案に対する修正案」である。以下、「本法案」と呼ぶ。

2）　第56条の3　各議院は、委員会の審査中の案件について特に必要があるときは、中間報告を求めることができる。
　　2　前項の中間報告があつた案件について、議院が特に緊急を要すると認めたときは、委員会の審査に期限を附け又は議院の会議において審議することができる。
　　3　委員会の審査に期限を附けた場合、その期間内に審査を終らなかつたときは、議院の会議においてこれを審議するものとする。但し、議院は、委員会の要求により、審査期間を延長することができる。

しかし、同時に、「共謀罪」は、その条文に即した国会審議が十分になされなかったことも相まってではあるが、捜査や裁判の実務においても、様々な混乱を生じる「欠陥法」でもある。そして、この「欠陥」は、一方では、その運用者によって濫用される危険をもたらすものである。しかし、他方では、人権に配慮した適切な解釈と運用によって、ある程度まで——あくまである程度まではあるが——濫用の危険を抑えることもできる。

　ブックレット形式をとった本書は、そのような、予想される実務の混乱を可能な限り回避するために、「共謀罪」の簡単な解説を試みるものである。また、あわせて、真の国際協力のために、捜査・司法共助や犯罪人引渡しにとってネックとなる「死刑」を廃止するという課題が、わが国にあることを明らかにするものでもある。

　ところで、「共謀罪」に関しては、これが、「行為主義」をはじめとするわが国の刑法原則に反するという意見もある。しかし、何が刑法原則なのか、あるいは「行為主義」とは何なのかという問題は、そう一義的に解答できるものではない。「共謀」のみを処罰することは刑法原則からの逸脱であると書けば、従来から存在した爆取などの共謀罪も含めて、それが原則違反であることを示さざるを得なくなるであろう。また、それは憲法でいえば、どの条項の違反であるかを示すことも、必要となる。「準備行為」を必要とすれば原則問題をクリアできるのかも問題となる。しかし、これは、なかなか難しい。したがって、これらの問題については別の機会に考察することとし、本書では、「共謀罪」法によって生じる具体的な問題を明らかにすることとしたい。

　なお、本書の発行については、法律文化社の梶原有美子さんに、大変お世話になった。記して謝意を表する。

2017年6月25日
京都にて

目　　次

はじめに

I 「テロ等準備罪」＝「共謀罪」の内容 …………………………… 1
　1 「共謀罪」の不必要性と危険性　2 立法理由　3 「テロ等準備罪」＝「共謀罪」

II 提案の背景 ……………………………………………………… 11
　1 2つの「国際化」　2 「越境的」組織犯罪対策　3 人権保障のグローバル化

III TOC条約の求めるもの ………………………………………… 13
　1 本条約の目的　2 「共謀罪」または「参加罪」の新設と「処罰の間隙」

IV 国際協力のネックとしての「死刑」 …………………………… 21
　1 TOC条約16条に定める犯人引渡し拒否　2 日本が周囲を死刑廃止国で包囲された場合

V 「共謀罪」の真の立法理由 ……………………………………… 23
　1 「テロ対策」という立法理由の欺瞞性　2 国際的な非難を浴びた立法作業

VI 「共謀罪」の解釈 ……………………………………………… 29
　1 「共謀罪」規定　2 「組織的犯罪集団」の定義　3 「共謀罪」の対象犯罪　4 「遂行を2人以上で計画した」　5 「準備行為」

6 その法定刑　　7 「実行に着手する前に自首した」による必要的減免　　8 中止未遂制度との矛盾　　9 第6条の2第2項の主体　　10 予想される解釈論上の混乱　　11 濫用の危険

Ⅶ　テロの脅威は「対テロ戦争」への参戦から ……………………………… 51

　　1 「共謀罪」のテロ防止効果？　　2 TOC条約のテロ防止効果？　　3 真の「テロ防止」のためには

Ⅷ　監視社会の構築による市民的自由の窒息 ……………………………… 53

　　1 密告規定の危険性　　2 盗聴の拡大と会話盗聴の合法化　　3 「携帯があなたを監視する」

【資　料】

〔1〕国際的な組織犯罪の防止に関する国際連合条約（抜粋）　　56
〔2〕組織的な犯罪の処罰及び犯罪収益の規制等に関する法律　　58
　　（平成十一年八月十八日法律第百三十六号）
〔3〕共謀罪の対象犯罪一覧表　　81
〔4〕組織的な犯罪の処罰及び犯罪収益の規制等に関する法律新旧対照条文表　　89

I 「テロ等準備罪」=「共謀罪」の内容

1 「共謀罪」の不必要性と危険性

　本書で「テロ等準備罪」と呼ばれているものは、本（2017）年6月15日に参議院で可決・成立したとされる「組織的な犯罪の処罰及び犯罪収益の規制等に関する法律等の一部を改正する法律」（以下、「本法」と呼ぶ。）の中にある、組織犯罪処罰法6条の2に規定された罪のことである。その規定は、以下のようなものである。

> （テロリズム集団その他の組織的犯罪集団による実行準備行為を伴う重大犯罪遂行の計画）
> 第6条の2　次の各号に掲げる罪に当たる行為で、テロリズム集団その他の組織的犯罪集団（団体のうち、その結合関係の基礎としての共同の目的が別表第三に掲げる罪を実行することにあるものをいう。次項において同じ。）の団体の活動として、当該行為を実行するための組織により行われるものの遂行を2人以上で計画した者は、その計画をした者のいずれかによりその計画に基づき資金又は物品の手配、関係場所の下見その他の計画をした犯罪を実行するための準備行為が行われたときは、当該各号に定める刑に処する。ただし、実行に着手する前に自首した者は、その刑を減軽し、又は免除する。
> 一　別表第四に掲げる罪のうち、死刑又は無期若しくは長期10年を超える懲役若しくは禁錮の刑が定められているもの　5年以下の懲役又は禁錮
> 二　別表第四に掲げる罪のうち、長期4年以上10年以下の懲役又は禁錮の刑が定められているもの　2年以下の懲役又は禁錮
> 2　前項各号に掲げる罪に当たる行為で、テロリズム集団その他の組織的犯罪集団に不正権益を得させ、又はテロリズム集団その他の組織的犯罪集団の不正権益

1）　しかし、国会法56条の3が定める「議院が特に緊急を要すると認めたとき」という要件が存在したのか、また、これを確認する手続きがきちんと採られたのかという点で、本法の成立の有効性については、疑義があるとみる余地もあろう。

> を維持し、若しくは拡大する目的で行われるものの遂行を2人以上で計画した者も、その計画をした者のいずれかによりその計画に基づき資金又は物品の手配、関係場所の下見その他の計画をした犯罪を実行するための準備行為が行われたときは、同項と同様とする。
> 3 別表第四に掲げる罪のうち告訴がなければ公訴を提起することができないものに係る前2項の罪は、告訴がなければ公訴を提起することができない。
> 4 第1項及び第2項の罪に係る事件についての刑事訴訟法(昭和23年法律第131号)第198条第1項の規定による取調べその他の捜査を行うに当たっては、その適正の確保に十分に配慮しなければならない。

＊別表第三および第四に掲げる罪については、末尾の資料〔3〕を参照されたい。

あらかじめ結論を述べれば、この罪は、その立法理由とされている「国連越境組織犯罪防止条約」(「国際的な組織犯罪の防止に関する国際連合条約」ないし「国連国際組織犯罪防止条約」とも呼ばれる。以下、「TOC条約」と呼ぶ。)の批准には不必要である。それにもかかわらず、その成立が強行された現在、その運用のいかんによっては、何らの組織にも属していない一般市民も含めて、現在の犯罪捜査のための通信傍受に関する法律(平成11年8月18日法律第137号)(以下、「通信傍受法」)3条1項3号により、広く市民の内心が捜査と処罰の対象となり、市民生活の自由と安全が危機にさらされる戦後最悪の治安立法となる。同時に、それを回避することは、「この憲法が国民に保障する自由及び権利は、国民の不断の努力によつて、これを保持しなければならない。」とする憲法12条の要請するところである。

2 立法理由

本法の提案理由書によれば、その提案理由は以下のものである。すなわち、「近年における犯罪の国際化及び組織化の状況に鑑み、並びに国際的な組織犯罪の防止に関する国際連合条約の締結に伴い、テロリズム集団その他の組織的犯罪集団による実行準備行為を伴う重大犯罪遂行の計画等の行為についての処罰規定、犯罪収益規制に関する規定その他所要の規定を整備する必要がある。」と。

これによれば、本法は、TOC条約の締結に伴い、法整備の必要があることから提案されたものである。そして、「テロ等準備罪」もまた、TOC条約締結にとって必要であるとの理由から、提案されたものである。

3 「テロ等準備罪」＝「共謀罪」

(1) 過去の法案との同質性　このTOC条約締結を理由として、これまでに、「共謀罪」の立法提案が、数度にわたって行われてきた。ところが、本法については、首相の国会答弁をはじめとして、一部に、「テロ等準備罪」は「共謀罪」と異なるとする趣旨の言説が流布されていた。そこで、まず、この「テロ等準備罪」と、過去の「共謀罪」法案とを、その修正案も含めて、条文で比較してみよう。

　まず、2003年に提案された法案を見てみよう。そこでは、組織犯罪処罰法（正式には「組織的な犯罪の処罰及び犯罪収益の規制等に関する法律」〔平成11年8月18日法律第136号〕であるが、以下では「組織犯罪処罰法」と呼ぶ。）に6条の2として、以下の条文を加えるものとされていた。

> 第6条の2　次の各号に掲げる罪に当たる行為で、団体の活動として、当該行為を実行するための組織により行われるものの遂行を共謀した者は、当該各号に定める刑に処する。ただし、実行に着手する前に自首した者は、その刑を減軽し、又は免除する。
> 一　死刑又は無期若しくは長期10年を超える懲役若しくは禁錮の刑が定められている罪　5年以下の懲役又は禁錮
> 二　長期4年以上10年以下の懲役又は禁錮の刑が定められている罪　2年以下の懲役又は禁錮
> 2　前項各号に掲げる罪に当たる行為で、第3条第2項に規定する目的で行われるものの遂行を共謀した者も、前項と同様とする。
> ＊第3条第2項　団体に不正権益（団体の威力に基づく一定の地域又は分野における支配力であって、当該団体の構成員による犯罪その他の不正な行為により当該団体又はその構成員が継続的に利益を得ることを容易にすべきものをいう。以下この項において同じ。）を得させ、又は団体の不正権益を維持し、若しくは拡大する目的で、前項各号（第五号、第六号及び第十三号を除く。）に掲げる罪を犯した者も、同

項と同様とする。

　この政府提案法案には、たしかに、本法にあるような「テロリズム集団その他の組織的犯罪集団（団体のうち、その結合関係の基礎としての共同の目的が別表第三に掲げる罪を実行することにあるものをいう。次項において同じ。）の」（以下、「集団性」と呼ぶ。）という文言はない。また、本法の「共謀」は「２人以上で計画」に置き換えられている。さらに、2003年の法案では、「その計画をした者のいずれかによりその計画に基づき資金又は物品の手配、関係場所の下見その他の計画をした犯罪を実行するための準備行為が行われたときは」（以下、「準備行為」と呼ぶ。）もなく、対象犯罪も、単に「死刑又は無期若しくは長期４年以上の懲役又は禁錮の刑が定められている罪」であって、別表による限定はない。これらの諸点においては、「テロ等準備罪」は「共謀罪」と異なるようである。

　しかし、この政府提案が世論の大きな批判を受けるなか、2006年には、自民党と公明党から成る与党による修正試案（以下、「2006年修正試案」と呼ぶ。）が示された。これも2009年に廃案となったが、その内容は、以下のようなものである。

第６条の２　次の各号に掲げる罪（別表第三に掲げるものを除く。）に当たる行為で、組織的犯罪集団の活動（組織的な犯罪集団（団体のうち、その結合関係の基礎としての共同の目的が死刑若しくは無期若しくは長期５年以上の懲役若しくは禁錮の刑が定められている罪（別表第三に掲げるものを除く。）又は別表第一（第一号を除く。）に掲げる罪を実行することにある団体をいう。）の意思決定に基づく行為であって、その効果又はこれによる利益が当該組織的な犯罪集団に帰属するものをいう。）として、当該行為を実行するための組織により行われるものの遂行について具体的な謀議を行い、これを共謀した者は、その共謀をした者のいずれかによりその共謀に係る犯罪の実行に必要な準備その他の行為が行われた場合において、当該各号に定める刑に処する。ただし、情状により、その刑を免除することができる。
一　死刑又は無期若しくは長期10年を超える懲役若しくは禁錮の刑が定められている罪　５年以下の懲役又は禁錮
二　長期４年以上10年以下の懲役又は禁錮の刑が定められている罪　２年以下の懲役又は禁錮

> 2 前項各号に掲げる罪（別表第三に掲げるものを除く。）に当たる行為で、第3条第2項に規定する目的で行われるものの遂行について具体的な謀議を行い、これを共謀した者も、前項と同様とする。
> 3 前2項の罪については、第1項に規定する準備その他の行為が行われたことを疑うに足りる相当な理由があるときに限り、刑事訴訟法（昭和23年法律第131号）の規定により逮捕し、又は勾留することができる。
> 4 第1項及び第2項の規定の適用に当たっては、思想及び良心の自由並びに結社の自由その他日本国憲法の保障する国民の自由と権利を不当に制限するようなことがあってはならず、かつ、労働組合その他の団体の正当な活動を制限するようなことがあってはならない。

　この2006年修正試案では、すでに、「組織的犯罪集団の活動（……）」という形で「集団性」の要件が盛り込まれている。「共謀」についても、それは「具体的な謀議」であることが示され、「その共謀をした者のいずれかによりその共謀に係る犯罪の実行に必要な準備その他の行為が行われた場合において」という形で「準備行為」も規定されている。「テロ等準備罪」と異なるのは、「テロリズム集団」という例示がないことと、対象犯罪が、まだ「別表第三に掲げるものを除く。」という形でしか限定されていないということぐらいである。

　しかし、「集団性」の要件については、「その他の」という文言が入っていることから、「テロ等準備罪」では、「テロリズム集団」は単なる例示であって、これに準じるものに「集団」を限定するものにはなっていない[2]。ゆえに、「集団性」の要件に関しては、すでに、2006年修正試案にある「共謀罪」は「テロ等

---

2) テロと関係ない詐欺集団でも該当するうえ、最決平成27・9・15刑集69巻6号721頁によれば、組織が、元々は詐欺罪に当たる行為を実行するための組織でなかったとしても、性格が変われば、これに該当する。会社の実質的な破たん状態時点以降、その営業活動は、客観的にはすべて「人を欺いて財物を交付」させる行為に当たることとなるから、そのような行為を実行することを目的として成り立っている上記組織は、「詐欺罪に当たる行為を実行するための組織」に当たることになったのであり、上記組織が、元々は詐欺罪に当たる行為を実行するための組織でなかったからといって、また、上記組織の中に詐欺行為に加担している認識のない営業員や電話勧誘員がいたからといって、別異に解すべき理由はない、というのである。

準備罪」と同じものになっていたと言えるであろう。同じことは、例示の方法が異なるだけで、「準備行為」にも当てはまると言ってよい。

　(2)　**対象犯罪限定の欺瞞**　もっとも、「テロ等準備罪」においては、その「計画」の対象犯罪は、別表四によれば277（数え方によっては316）に限定されている。ゆえに、この点で「テロ等準備罪」は、これまでの「共謀罪」と異なるように見える。しかし、除外された対象犯罪の中には、そもそも対象となりえない犯罪（過失犯、結果的加重犯、予備罪、陰謀罪、共謀罪など）が100以上も含まれていた[3]。さらに、たとえば、殺人罪と組織的殺人罪（後者のみ対象）、背任罪と特別背任罪（前者のみ対象）のように、加重・減軽関係にある罪では、そのうちの一方のみが別表に記載されることで、見かけ上は対象犯罪が半減したものもあった。もちろん、これは実質的な限定ではない。

　他方、後述するように、それ以外で除外された犯罪の中には、TOC条約の趣旨からみて、除外理由に疑問符の付くものが多数存在する。そして、残された277の罪には、万引きを含む窃盗罪や地方議員の政務活動費の不正利用に適用された詐欺罪などのありふれた罪が多数含まれている。そのため、近年の一般刑法犯の認知件数に限れば、そのうちの80パーセント以上が対象犯罪になる。つまり、「テロ等準備罪」の対象犯罪は、実は、さほど限定されたとはいえないのである。

　ゆえに、「テロ等準備罪」の本質は、これまでの法案にあった「共謀罪」と同じである。より正確に呼ぶなら、これは「準備行為を処罰条件とする2人以上での計画罪」である。それは、従来の用語法では「共謀罪」と呼ばれる。

　(3)　**「共謀罪」でないという論拠の虚偽性**　もちろん、「テロ等準備罪」が「共謀罪」でないとするこれ以外の根拠はない。「遂行の計画」は、TOC条約5

---

3)　本法による「共謀罪」ができる前から、爆発物使用の共謀（爆発物取締罰則4条）には共謀処罰規定があった。これは、「治安ヲ妨ケ又ハ人ノ身体財産ヲ害セントスルノ目的」での使用を対象とするもので、まさに、重大なテロ行為に対して−行為主義に反して−例外的に規定された「共謀罪」である。2013年には、特定秘密保護法（「特定秘密の保護に関する法律」）25条にも、「共謀」処罰規定が設けられたが、これもまた、例外的なものと解する余地はあった。爆発物取締罰則4条と特定秘密保護法25条1項は、除外される前の「共謀罪」法案では、その対象となる犯罪であった。

条1項(a)(i)にある「重大な犯罪を行うことを一又は二以上の者と合意すること[4]」に対応するものと考えられるが、そもそも、「テロ等準備罪」がここにいう犯罪の合意を処罰するものであるなら、それがこれまでの「共謀罪」法案と「明らかに別物」になることはありえないからである。

「準備行為」は以前の法案にもあったものであり、ATMでの現金の払戻し行為等何でも含まれる。現行法にある予備罪は、たいてい、犯罪準備であることが相当に明らかな場合にしか適用されていない[5]。しかし、それは「準備行為」それ自体が犯罪だからであって、解釈によってしかるべく限定される余地は残されているが、「犯罪の計画」が犯罪であり「準備行為」は処罰条件に過ぎない場合にまで、貫徹されるという条文上の保証はない[6]。また、仮にそのような保証があったとすれば、「共謀罪」は不要であった[7]。窃盗罪や横領罪などの重大でない犯罪についてまで、その予備段階から処罰する必要はないし、仮に警察官がそのような着手前の行為を認めた場合には、警察官職務執行法2条1

---

4) TOC条約の日本語訳は、外務省のホームページに掲載されているので [http://www.mofa.go.jp/mofaj/gaiko/treaty/pdfs/treaty156_7a.pdf]（2017年6月5日参照）、さしあたり、それを参照する。その全文は、本書の資料として末尾に掲載する。

5) 「三無事件」に関する東京高判昭和42・6・5高刑集20巻3号351頁。また、その第1審判決である東京地判昭和39・5・30下刑集6巻5＝6号694頁。そこでは、「すくなくとも、実行行為着手前の行為が予備罪として処罰されるためには、当該基本的構成要件に属する犯罪類型の種類、規模等に照らし、当該構成要件実現（実行の着手もふくめて）のための客観的な危険性という観点からみて、実質的に重要な意義を持ち、客観的に相当の危険性の認められる程度の準備が整えられた場合たることを要する。」（東京高判昭和42・6・5）とされ、また、「予備行為自体に、その達成しようとする目的（いわば、本来の犯罪の実現）との関連において、相当の危険性が認められる場合でなければならない」とし、「各犯罪類型に応じ、その実現に『重要な意義をもつ』あるいは『直接に役立つ』と客観的にも認められる物的その他の準備が整えられたとき、すなわち、その犯罪の実行に著手しようと思えばいつでもそれを利用して実行に著手しうる程度の準備が整えられたときに、予備罪が成立すると解するのが相当である。」（東京地判昭和39・5・30）と述べられている。

6) そのように、立法時において、すでに、解釈によってしかるべく限定する必要があること自体が、この法律が欠陥品であることを示している。

7) 予備罪に関する共謀共同正犯を認めた裁判例として、凶器準備集合罪および放火予備罪につき、東京高判昭和44・7・21東高時報20巻7号132頁、同昭和49・7・31高刑集27巻4号328頁等がある。

Ⅰ 「テロ等準備罪」＝「共謀罪」の内容　7

項等によって職務質問をし、あるいは同法5条によって警告や制止をすることもできるからである。

「その結合関係の基礎としての共同の目的」も、あまり限定にならない。殺人予備罪における「199条の罪を犯す目的」に関する裁判例であるが、明治42年6月14日の大審院判決は、「苟モ殺害ノ意思ヲ確定シ之カ予備ヲ為シタル以上ハ其殺意ノ条件附ナルト否トヲ問ハス人ヲ殺害スノ目的ヲ以テ其予備ヲ為シタルモノナレハ其所為ノ刑法第201条ニ該当スルコト論ヲ俟タス」と述べている。この判決は、殺人予備罪における「目的」が「条件付・未必的」なものでもよいとしたものと受け止められている。これを、「その結合関係の基礎としての共同の目的」にも応用するなら、その集団の本来の目的ないし第一次的目的が別表第四に掲げる罪の実行にないものであっても、「もしかしてそのような罪の遂行もすることになるかもしれない集団」であれば、この「共同の目的」があることになる。2017年6月23日に発せられた法務省刑事局長依命通達（法務省刑制第116号（例規）、以下「6月23日依命通達」と呼ぶ。）によれば、「結合体の構成員が共通して有し、その達成又は保持のために構成員が結合している目的」であれば足りる。

(4) 「テロ対策法」ではない　もちろん、「組織的犯罪集団」は「テロ組織」に限定されない。なぜなら、その定義は、「その結合関係の基礎としての共同の目的が別表第三に掲げる罪を実行することにある」団体だからである。そし

---

8) 「警察官は、異常な挙動その他周囲の事情から合理的に判断して何らかの犯罪を犯し、若しくは犯そうとしていると疑うに足りる相当な理由のある者又は既に行われた犯罪について、若しくは犯罪が行われようとしていることについて知っていると認められる者を停止させて質問することができる。」

9) 「警察官は、犯罪がまさに行われようとするのを認めたときは、その予防のため関係者に必要な警告を発し、又、もしその行為により人の生命若しくは身体に危険が及び、又は財産に重大な損害を受ける虞があって、急を要する場合においては、その行為を制止することができる。」

10) 大判明治42・6・14刑録15輯769頁。

11) 実は、「条件付目的」を述べただけであり、「未必的な目的」まで含まれるとした先例と解するのは間違いなのだが、問題は、それをわかっていない見解が、専門家の間にも多いということである。

て、「別表第三に掲げる罪」には、いわゆる「テロ行為」、具体的には、「公衆又は国若しくは地方公共団体若しくは外国政府等……を脅迫する目的をもって行われる犯罪行為」であって、人を殺傷したり航空機を墜落させたり、さらには爆弾を爆発させたりする行為[12]にも、「政治上その他の主義主張に基づき、国家若しくは他人にこれを強要し、又は社会に不安若しくは恐怖を与える目的で人を殺傷し、又は重要な施設その他の物を破壊するための活動[13]」にも当たらな

---

12)　参考までに、公衆等脅迫目的の犯罪行為のための資金等の提供等の処罰に関する法律1条の定義を掲げておこう。ここでは、次のように規定されている。
　　「この法律において『公衆等脅迫目的の犯罪行為』とは、公衆又は国若しくは地方公共団体若しくは外国政府等（外国の政府若しくは地方公共団体又は条約その他の国際約束により設立された国際機関をいう。）を脅迫する目的をもって行われる犯罪行為であって、次の各号のいずれかに該当するものをいう。
　一　人を殺害し、若しくは凶器の使用その他人の身体に重大な危害を及ぼす方法によりその身体を傷害し、又は人を略取し、若しくは誘拐し、若しくは人質にする行為
　二
　　イ　航行中の航空機を墜落させ、転覆させ、若しくは覆没させ、又はその航行に危険を生じさせる行為
　　ロ　航行中の船舶を沈没させ、若しくは転覆させ、又はその航行に危険を生じさせる行為
　　ハ　暴行若しくは脅迫を用い、又はその他の方法により人を抵抗不能の状態に陥れて、航行中の航空機若しくは船舶を取取し、又はほしいままにその運航を支配する行為
　　ニ　爆発物を爆発させ、放火し、又はその他の方法により、航空機若しくは船舶を破壊し、その他これに重大な損傷を与える行為
　三　爆発物を爆発させ、放火し、又はその他次に掲げるものに重大な危害を及ぼす方法により、これを破壊し、その他これに重大な損傷を与える行為
　　イ　電車、自動車その他の人若しくは物の運送に用いる車両であって、公用若しくは公衆の利用に供するもの又はその運行の用に供する施設（ロに該当するものを除く。）
　　ロ　道路、公園、駅その他の公衆の利用に供する施設
　　ハ　電気若しくはガスを供給するための施設、水道施設若しくは下水道施設又は電気通信を行うための施設であって、公用又は公衆の利用に供するもの
　　ニ　石油、可燃性天然ガス、石炭若しくは核燃料である物質若しくはその原料となる物質を生産し、精製その他の燃料とするための処理をし、輸送し、又は貯蔵するための施設
　　ホ　建造物（イからニまでに該当するものを除く。）」
13)　これは、特定秘密の保護に関する法律12条2項1号に掲げられている定義である。

いものが多数該当する。

　さらに、「その結合関係の基礎としての共同の目的が別表第三に掲げる罪を実行することにあるもの」には、組織犯罪処罰法3条1項13号の組織的詐欺に関する、前述した平成27年9月15日の最高裁決定が述べるように、組織の性格が別表第三に掲げる罪の遂行にあるものに「一変した」場合にも当てはまる。また、これには、環境保護団体などを「隠れ蓑」としたとみなされる組織も含まれる。

　ここには、ドイツ刑法129条の「犯罪結社罪」にある「犯罪行為の遂行が従属的な意味での目的若しくは活動にすぎないとき」というような、明文の除外規定はない。このような法文に、前述のように、「目的」要件が「未必的なもの」でも足りるとする——誤った——理解を加えれば、労働組合や会社などの普通の団体が、テロリズムと関係なくても、277の犯罪のいずれかの遂行を常態とするような組織に性質を一変させたとみなされた——たとえば頻発する争議行為が組織的な威力業務妨害（組織犯罪処罰法3条1項12号）とみなされた——場合、組織的犯罪集団として、「その結合関係の基礎としての共同の目的が別表第三に掲げる罪を実行することにあるもの」になりうる。ゆえに、この労働組合が実施する争議行為の計画は、「共謀罪」によって処罰されうる。

　このような法は、まさに「共謀罪」処罰法以外の何物でもない。

14）　前掲最決平成27・9・15刑集69巻6号721頁。
15）　いずれも、衆参両院での法務大臣の答弁で認められている。
16）　法務省大臣官房司法法制部会編『ドイツ刑法典』（法曹會、2007）98頁参照。

II 提案の背景

1 2つの「国際化」

IIでは、本法の提案理由とされているTOC条約、および、これを含む「刑法の国際化」の意味を説明しよう。[17]

刑法をなるべく統一しようとする「刑法の国際化」には、一方において、国際的な犯罪への対策として、刑法の内容を同じようなものにして捜査・司法および犯罪人引渡しにおける国家間の協力を推進しようとするものと、他方において、国家レベルないし越境的レベルにおいて行われる人権侵害を刑法によって国際的に処罰しようとするものとがある。前者の代表が「TOC条約」であり、後者の代表が、1998年7月にローマで採択された「国際刑事裁判所規程」(the Statute of the International Criminal Court)、略称「ローマ規程」である。

つまり、今日の刑法の「国際化」には、「国際組織犯罪対策」としての「刑法の国際化」と、「人道化」、「国際人権保障」としての「刑法の国際化」の2つの流れがあるのである。[18]

2 「越境的」組織犯罪対策

「越境的」組織犯罪対策の中心となっているのは、TOC条約である。このような国境を越える組織的犯罪への対策は、2001年の「9・11」から始まった話ではない。むしろ、今日のそれは、国際的、組織的な薬物犯罪に対処するため、初めて犯罪収益規制を大幅に取り込んだ国際的な法的枠組みを創設した1988年の「麻薬及び向精神薬の不正取引の防止に関する国際連合条約（いわゆる麻薬新

---

17) 以下の説明については、松宮孝明「実体刑法とその『国際化』—またはグローバリゼーション—に伴う諸問題」法律時報75巻2号（2003）25頁も参照されたい。
18) もっとも、前者においても、とりわけ女性や子供などを対象とする国際的な人身売買や移送、搾取との闘争という、国際人権保障的意味がないわけではない。

条約)」の採択に始まり、2000年11月に、国連総会においてコンセンサス採択され、日本もまた、同年12月にイタリアのパレルモで開催された署名会議において、他の約120ヵ国とともに署名した「TOC条約」にまで至る、国際的な——テロ対策ではない——経済犯罪に対処するための刑法における「グローバリゼーション」の流れの中にある。

3 人権保障のグローバル化

他方、犯罪カタログ統一の動きは、国際人権法の分野からも生じる。すでに、第二次世界大戦後のニュルンベルク裁判や東京裁判などで、国際的な犯罪カタログとして「人道に対する罪」などの概念が用いられ、旧ユーゴスラヴィアやルワンダに対するアド・ホックな国際刑事法廷に受け継がれたが、ついに「ローマ規程」では、——「侵略に関する罪」は見送られたが——「人道に対する罪」をはじめとするいくつかの国際的な犯罪カタログが用意されることとなった[19]。このような犯罪カタログの統一は、主として、戦時における人権侵害の処罰による人権の国際的な保障を目指すものと解されている。

---

19) 国際刑事裁判所規程については、小和田亘＝芝原邦爾「ローマ会議を振り返って——国際刑事裁判所設立に関する外交会議——」ジュリスト1146号(1998)4頁以下、藤田久一「国際刑事裁判所構想の展開——ICC規程の位置づけ——」国際法外交雑誌98巻5号(1999)31頁以下、前田朗『戦争犯罪論』(青木書店、2000)29頁以下、安藤泰子『国際刑事裁判所の理念』(成文堂、2002)150頁以下を参照。なお、同規程に関するドイツの国内立法について、フィリップ・オステン「国際刑事裁判所規程と国内立法——ドイツ『国際刑法典』草案を素材として——」ジュリスト1207号(2001)126頁以下も参照。

III　TOC条約の求めるもの

1　本条約の目的

(1)　「金銭的利益」の追求　　TOC条約の目的が、テロ対策ではなく、国際的な経済的組織犯罪の対策にあることは、同条約の2条(a)にある「組織的な犯罪集団」の定義から、明らかになる。そこでは、「『組織的な犯罪集団』とは、3人以上の者から成る組織された集団であって、一定の期間存在し、かつ、金銭的利益その他の物質的利益を直接又は間接に得るため一又は二以上の重大な犯罪又はこの条約に従って定められる犯罪を行うことを目的として一体として行動するものをいう。」と定義されている。

　ここにいう「金銭的利益その他の物質的利益を直接又は間接に得るため」という要件は、「公衆又は国若しくは地方公共団体若しくは外国政府等……を脅迫する目的」のものである必要はなく、また、「政治上その他の主義主張」に基づくものである必要もない。この点では、TOC条約の対象とする「組織的な犯罪集団」は、「テロ組織」より明らかに広い。

　他方、ここには、「脅迫する目的」や「政治上その他の主義主張」に基づくものであっても、「金銭的利益その他の物質的利益を直接又は間接に得るため」でないテロ組織は含まれない。この点では、TOC条約の対象となる集団は「テロ組織」より狭い。つまり、TOC条約はテロ対策のものではないのである。[20] もちろん、経済的組織犯罪とテロ組織が資金面で結びつくことはありうるが、それは殺人罪がテロ防止目的のものでないのと同じ程度に、偶然の結びつきである。

---

20)　テレビ朝日の報道ステーションによる2017年2月の報道によれば、国連薬物犯罪事務所（UNODC）も、「原則としてテロ集団対象ではない。対象とする犯罪集団は金銭的・物質的利益を目的とした集団だ。テロ集団の犯罪行為は必ずしも金銭的・物質的利益を目的としていない。」と述べている。

(2) TOC条約の目的は捜査・司法共助と犯罪人引渡　TOC条約の目的は、本条約1条によると、「一層効果的に国際的な組織犯罪を防止し及びこれと戦うための協力を促進すること」にある。具体的には、国際的な組織犯罪に関する捜査・司法共助と犯罪人引渡である。この点は、法務省が公刊している『犯罪白書』の平成28年版でも、明記されている。すなわち、「この条約は、組織的な犯罪集団への参加、マネー・ローンダリング及び腐敗行為等の犯罪化、犯罪収益の没収、組織犯罪に係る犯罪人の引渡し及び捜査共助等について定めたものである。」と。[21]

このような国際協力のための条件は、対象となっている行為が、協力を求める国家においてばかりでなく、協力を求められた国家においても犯罪であることである。[22]これを「双罰性」ないし「双方可罰性」という。注意すべきは、これは日本の刑法が適用できるか否かという刑法の適用範囲とは無関係だということである。たとえば、他国で日本国籍を持たない人物が、同じく日本国籍を持たない人物を殺害したあと、日本に逃げてきたとしよう。この場合、この人物には日本の刑法199条は適用できない。しかし、仮にこの殺人行為が日本で行われていたとしたら犯罪として処罰できることで「双罰性」は充される。したがって、TOC条約が目的とする国際協力の要請に応えるためには、条約加盟国が対象となりそうな犯罪についてみな、国内法において処罰規定を持っていることが必要となる。TOC条約5条1項(a)が「共謀罪」か「参加罪」の犯

---

21) 『平成28年版犯罪白書』[http://hakusyo1.moj.go.jp/jp/63/nfm/n63_2_2_6_1_1.html]（2017年6月8日参照）。

22) 国際捜査共助等に関する法律2条2号では、「条約に別段の定めがある場合を除き、共助犯罪に係る行為が日本国内において行われたとした場合において、その行為が日本国の法令によれば罪に当たるものでないとき。」には、共助をすることはできないと定められている。もっとも、「別段の定め」があるときは「双罰性」は不要とされる。たとえば、日米刑事共助条約（「刑事に関する共助に関する日本国とアメリカ合衆国との間の条約」）3条1項(4)は、共助ができない場合を「被請求国が、請求国における捜査、訴追その他の手続の対象となる行為が自国の法令によれば犯罪を構成しないと認める場合であって、請求された共助の実施に当たり自国の法令に従って裁判所若しくは裁判官が発する令状に基づく強制措置又は自国の法令に基づくその他の強制措置が必要であると認めるとき。」と定めることにより、任意捜査については、「双罰性」要件を充たさなくても、共助が可能であることを認めている。

罪化を求めるのは、——それ自体が目的なのではなく——そのための手段である。

ところで、この「双罰性」とは、行為の双方処罰可能性をいうのであって、犯罪構成要件が共通であることを意味するものではない。したがって、他国の共謀罪に当たる具体的な行為が別の罪名で処罰可能であれば、「共謀罪」がなくても共助は可能である。これについては、平成元年3月30日の東京高裁決定[23]が、次のように述べている。

> 「双罰性を考えるに当っては、犯罪構成要件の規定の仕方は国によって異なる場合が少なくないので、単純に構成要件にあてはめられた事実を比べるのは相当でなく、構成要件的要素を捨象した社会的事実関係に着目して、その事実関係の中に我国の法の下で犯罪行為と評価されるような行為が含まれているか否かを検討すべきであると解される」

そして、この決定は、アメリカ合衆国でヘロイン輸入の共謀（conspiracy）の嫌疑を受けて日本に逃れていた人物について、アメリカ合衆国からの本件引渡請求についての口上書によれば、ヘロインの密売によって得た利益である現金を運搬したという「事実行為をなしたことを疑うに足りる理由があるものと認められ、これを、我国の法令に照らすと、ヘロイン輸入の少なくとも幇助犯に該当することは明らか」であるとして、「双罰性」要件の充足を認め、犯人引渡しができると述べたのである。

この決定は、以下のことを示唆している。すなわち、犯人引渡しを求められるような「共謀罪」容疑者は、たいてい、実行された犯罪の共犯となりうるので、「共謀罪」がなくても引渡しが可能である、ということである。実際的に考えても、共謀者のうちの誰かが何も実行していないような、真に「共謀罪」施行前の日本法の共犯に当たらない人物について、しかも、予備行為処罰規定のない軽い犯罪についてまで、国際的な協力要請が求められるとは考えにくい。内外の捜査機関は、そこまで暇ではないのである。

---

23) 東京高決平成元・3・30判時1305号50頁。

2 「共謀罪」または「参加罪」の新設と「処罰の間隙」

(1) 「双罰性」要件からみた「共謀罪」の必要性　要するに、国際協力の対象となるような重大犯罪につき、実質的にみて処罰の間隙がなければ、「共謀罪」立法は不要である。それにもかかわらず、TOC条約5条1項(a)は、その(i)で「共謀罪」、その(ii)で「参加罪」のいずれかの立法を義務づけているように見える。しかし、それは、条約の趣旨・目的を果たす限度でよいのである。

その1つの状況証拠は、国連薬物犯罪事務所（UNODC）が作成した「立法ガイド」にある。そのパラグラフ43は、「加盟国の法案起草者は、単に条約のテキストを翻訳するか、または新しい法律や改正にそれをそのまま含めることを試みるのではなく、条約の意味と精神に焦点を当てるべきである。」と述べている。ゆえに、「単に条約のテキストを翻訳するか、または新しい法律や改正にそれをそのまま含めること」は求められていない。

また、そのパラグラフ51は、「第5条1項(a)(i)及び1項(a)(ii)の2つの選択的なオプションは、このように、いくつかの国には共謀の法律があり、他方、他の国には犯罪の結社（犯罪者の結社）の法律があるという事実を反映して設けられたものである。これらのオプションは、関連する法的概念を有していない国において、共謀又は犯罪の結社の概念のいずれかについてはその概念の導入を求めなくとも、組織的な犯罪集団に対する効果的な措置をとることを可能とするものである。」と述べている。ここでは、締約国は「共謀罪」と「参加罪」の双方を持つ必要はないということが明示されているのである。

---

24) National drafters should focus on the meaning and spirit of the Convention rather than attempt simply to translate Convention text or include it verbatim in new laws or amendments.

25) The two alternative options of article 5, paragraph 1(a)(i) and paragraph 1(a)(ii) were thus created to reflect the fact that some countries have conspiracy laws, while others have criminal association (association de malfaiteurs) laws. The options allow for effective action against organized criminal groups, without requiring the introduction of either notion-conspiracy or criminal association-in States that do not have the relevant legal concept.

26) このパラグラフ51をめぐっては、これが「共謀罪」と「参加罪」のいずれについても「効果的な措置」を採れば立法を不要とする趣旨なのか、それとも、双方とも立法する必要

そこで、たとえば、ドイツのような「参加罪」型の規定を持ち、対象となる組織から「犯罪行為の遂行が従属的な意味での目的若しくは活動にすぎないとき」が除外されている国に対して、アメリカ合衆国のような「共謀罪」型の規定を持つ国が、当初は合法的な目的を追求していた会社の経営者が麻薬の輸入を単純に「共謀」したという理由で犯人引渡し請求をした場合、パラグラフ51では、被請求国が単なる麻薬輸入の単純な「共謀」は「参加罪」に当たらず、その他の規定にも当たらないので引渡しを拒否するという事態も容認されている。つまり、TOC条約では、厳密な意味での「処罰の間隙」の除去は求められていないのである。[27]

　つまり、TOC条約は、国際協力の対象となるような重大犯罪につき、実質的にみて処罰の間隙がなければ、「共謀罪」立法は不要とするものである。[28]

　　　はないとする趣旨なのかについて、激しい論争がなされている。しかし、重要なのは、この文言が、一義的に双方立法義務を述べているわけではなく、二義的だということである。つまり、このパラグラフ51を根拠にして、いずれかを立法する義務があると明言したものだと述べることは、誤りなのである。

27)　この点を看過して、TOC条約では特定の行為の犯罪化が求められているという誤解に基づいている見解が、散見される。たとえば、TOC条約をして「各国の刑事実体法の中身とその運用の統一を図ることを意図している」と評する古谷修一「国際組織犯罪防止条約と共謀罪の立法化――国際法の視点から――」警察学論集61巻6号（2008）143頁（145頁）が、これに当たる。

28)　このことは、2017年5月5日付の朝日新聞朝刊に掲載された「立法ガイド」起草者ニコス・パッサス氏へのインタヴューでも明らかにされた (http://www.asahi.com/articles/photo/AS20170505000238.html)。すなわち、「条約に入るための国連の"立法ガイド"を書いた国際刑法の専門家、ニコス・パッサス教授は『条約の目的はテロ対策ではない』と明言。条約は、マフィアなどの経済犯罪を取り締まる目的で制定されたもので、例外的にテロリストが対象になるのは、資金集めなど金銭的な利益を得る目的で犯罪を行った場合だけだという。パッサス教授は、過激派組織『イスラム国』などに対する制裁措置を定めた国連決議がテロ対策としてすでに機能していると指摘。日本は、国連の主要なテロ対策条約13本についてもすでに批准、法整備まで完了している。パッサス教授は『テロなどの犯罪に対して、現在の法体系で対応できないものは見当たらない』と話す。さらに、『それぞれの国は、完全に条件を満たしていなくても条約を批准することは可能』と指摘。『どの国の政府も、国際条約を口実にして国内で優先したい犯罪対策を実現させることは可能。（国内法の整備においては）法の支配にのっとり公正でなくてはいけない。日本国民の意向を反映させるべきだ』と忠告する。」[http://news.tv-asahi.co.jp/news_politics/articles/000100921.html]（2017年5月30日参照）というのである。

これにつき、外務省は、2006年6月16日の文書において、「国際組織犯罪防止条約第5条1(a)を実施する上で、いわゆる共謀罪又はいわゆる参加罪の少なくとも一方を犯罪とすることが必要であることは同条約の規定上明らか」であると述べておきながら、「ご指摘の『国際組織犯罪防止条約を実施するための立法ガイド』については、本条約の締結や実施に当たり各国の参考とされることを意図したものではあるものの、本条約の規定についての有権的解釈を提供するものではありません。」と明言している。

　その後、読売新聞は、この「立法ガイド」を作成した国連薬物犯罪事務所の現事務局長に問い合わせたところ、「条約は共謀罪か（犯罪目的の集団に加わる）参加罪の一方、もしくは両方の採用を義務づけている」という回答を得たとしているが、それもまた、外務省の言うように、「本条約の規定についての有権的解釈を提供するもの」ではない。

　この点については、アメリカ合衆国が、アラスカ州のような一部の州で極めて限定された共謀罪の法制しかないことを理由に、条件を付してTOC条約を批准していることも注目される。このことは、TOC条約5条1項(a)の文言を形式的に墨守しなくても、実質的に国際協力で困らなければ、本条約を批准できることを意味するからである。

　しかし、これについて日本の外務省は、次のように述べて、日本はそのよう

---

29) ［http://archive.fo/lb8Qr］（2017年6月5日参照）。そこでは、「国際組織犯罪防止条約のような多数国間条約の有権的解釈は当該条約の締約国によって行われることが基本的な原則です。」とされている。

30)　この記事（2006年7月2日22時59分　読売新聞）では、「事務局長は『条約は共謀罪か（犯罪目的の集団に加わる）参加罪の一方、もしくは両方の採用を義務づけている』とし、犯罪を計画した段階で罪に問う共謀罪の制定が条約批准に必要であるとする立場は、『我々の解釈と一致している』と語った。」と報じられている。しかし、前述のように、パラグラフ51では、「両方の採用」は明示されていない。なお、本記事については、以下のサイトを参照した。［http://igelblog.blog15.fc2.com/blog-entry-385.html］（2017年4月30日参照）

31)　付言すれば、日本政府は、常設国際刑事裁判所創設条約である1998年の「ローマ規程」につき、特に「人道に対する罪」等の処罰規定を新設せずとも、現行法で「双罰性」要件は満たされるとして、新たな刑事立法を行わなかった。

な留保ができないかのような印象を作り出している[32]。

> 　国際組織犯罪防止条約に関し、「米国は一部の州では極めて限定された共謀罪の法制しかないことを理由に留保を付して条約を批准している」との報道がなされたことがあります。
> 　この米国の留保についての政府の考え方は、以下の通りです。
> １．(1)　米国は連邦制をとっており、条約締結に当たり、憲法上の連邦と州との間の権限関係と整合性をもたせるとの観点から、留保・宣言を行っています。
> 　(2)　米国政府より、本条約で犯罪化が求められている行為について、連邦法によっても州法によっても犯罪とされていない部分はほとんどないという回答を得ています。
> 　(3)　このようなことから、米国の留保は本条約の趣旨、目的に反するものではないと理解しています。
> ２．　これに対し、「重大な犯罪」を限定する旨の留保や「国際性」の要件を付す旨の留保は、「重大な犯罪」の定義を定める条約第２条や、国際性を要件としてはならないと定める条約第34条２の規定に明らかに反するものです。
> 　これは、上記１のような、米国が憲法上の連邦と州との間の権限関係と整合性をもたせるとの観点から行った留保とは性格が全く異なります。
> 　「重大な犯罪」を限定する旨の留保や「国際性」の要件を付す旨の留保を付すことは本条約の趣旨、目的に反するため許されないことは、これまで政府が繰り返し答弁してきたとおりです。

　しかし、実は、この説明自体が、日本でもTOC条約の文言を墨守する法律を作る必要がないことを、図らずも露呈してしまった。というのも、「『重大な犯罪』を限定する旨の留保……を付すことは本条約の趣旨、目的に反するため許されないことは、これまで政府が繰り返し答弁してきたとおりです。」という言明に反して、本法は、別表第三および第四にあるように、「共謀罪」の対象犯罪を限定してしまったからである[33]。ゆえに、すでに日本は、実質的考慮を導入して、実質的に国際協力で困らなければ、本条約を批准できるという考えに踏み込んでいるのである。

---

32)　[http://www.mofa.go.jp/mofaj/gaiko/soshiki/boshi_usa.html]（2017年６月５日参照）
33)　この対象犯罪選別の恣意性・不合理性については、あとで指摘する。

外務省が言うように、「国際組織犯罪防止条約のような多数国間条約の有権的解釈は当該条約の締約国によって行われることが基本的な原則」なのであるから、どのような法律を作るべきかについても、我々日本国の主権者が、自らの責任で判断しなければならない。

(2) 「参加罪」を選択した場合　ところで、TOC条約は、ドイツ刑法129条の犯罪結社罪のような「参加罪」の選択肢も、明文で認めている。そこで、仮定の話であるが、わが国がこちらの選択肢を選んだ場合には、どのような立法が適切であろうか。

この場合には、ドイツ刑法129条のような「犯罪行為の遂行が従属的な意味での目的若しくは活動にすぎないとき」は除外するといった規定方法も可能であろう。もちろん、このような「結社罪」は、憲法21条1項が保障する「結社の自由」に反するというのであれば、このような除外条項に加えて、「計画された犯罪の遂行に明らかに役立つ準備行為」を加えるという方法も考えられよう。さらに、Ⅵで検討するような解釈上の矛盾を回避する条項も必要であろう。こうしてしまうと、適用範囲は相当に制限される。

それにもかかわらず、政府が、このような限定のない「共謀罪」法を作ったことについては、アメリカ合衆国側からの圧力も取りざたされているのである[35]。

---

34) 前掲 [http://archive.fo/lb8Qr]
35) 海渡雄一弁護士は、2000年1月の第7回条約起草会合において、現在の条約5条の案文について、日米カナダ間で、非公式協議が行われたときに、日本政府が慎重な立場を転換したことを指摘している。[http://www.labornetjp.org/news/2017/0421kaido]
（2017年6月5日参照）

Ⅳ　国際協力のネックとしての「死刑」

1　TOC条約16条に定める犯人引渡し拒否

(1)　**TOC条約16条7項**　しかし、日本の国際協力にとって今すぐ対処が必要なのは、「処罰の間隙」問題ではない。そのようなものは、せいぜい、国際協力の対象としてはささいな、——長期4年以上の自由刑が予定されているけれども——相対的に軽微な犯罪について生じるにすぎない。それよりも重大なのは、法定刑に死刑を含む、真に重大な犯罪について、日本は国際協力を得られないというおそれである。

TOC条約16条7項は、「犯罪人引渡しは、請求を受けた締約国の国内法に定める条件又は適用可能な犯罪人引渡条約に定める条件に従う。これらの条件には、特に、犯罪人引渡しのために最低限度必要とされる刑に関する条件及び請求を受けた締約国が犯罪人引渡しを拒否することができる理由を含む。」と規定する。日本が本条約を批准・締結した場合、日本で犯された死刑対象犯罪の被疑者が死刑廃止国に逃げた場合、この条項に基づいて、日本は相手国からその引渡しや捜査・司法の共助を拒否される可能性があるのである。

(2)　**各種の死刑廃止条約**　現に、国連の犯罪人引渡しに関するモデル条約4条には、「犯罪人引渡しは、次のいずれかの事情のある場合には、拒否することができる。」として、「d　引渡しが求められている犯罪が、請求国の法律により死刑を伴う場合。」と規定されているのである。もちろん、そのただし書きでは、「被請求国が死刑は科されない又は科されたとしても執行されないことを十分と考える保証を請求国が与える場合はこの限りではない。」と定められている。しかし日本では、三権の分立と裁判官の独立を規定している憲法からみて、この保証を行政機関が与えることはできない。

そして、現に、ヨーロッパ人権条約(「人権及び基本的自由の保護のための条約」)

の第6議定書[36]では、以下の条文が定められている。

> （死刑の廃止）
> 第1条　死刑は、廃止される。何人も、死刑を宣告され又は執行されない。

　同様の死刑廃止規定は、日本と人的交流の深いブラジルも加盟している米州死刑廃止条約（「米州人権条約　死刑廃止に関する選択議定書」）にも存在する。その第1条もまた、「議定書締約国は、領内で、管轄が及ぶあらゆる個人に対して、死刑を適用しない。」と定めているのである。

2　日本が周囲を死刑廃止国で包囲された場合

　ところで、このような条約に加盟して死刑を廃止する国が増えた結果、日本が周囲を死刑廃止国で包囲されたら、どのような状況が出現するであろうか。現に、日本に隣接するロシアは、ヨーロッパ人権条約をその第6議定書も含めて批准しており、2008年に死刑正式廃止国となっている。

　仮に、日本において法定刑に死刑のある罪を犯した凶悪犯の被疑者がそれらの国に逃亡したなら、日本が犯人引渡しを求めても相手国から引渡しを拒否されるため、彼らは事実上処罰を免れることができることとなる。そのことが広く知れ渡れば、死刑廃止国に逃げ込む手はずさえ整えれば、たとえば「日本での爆弾テロはやり放題」ということになって、国内の治安維持その他の刑事政策にも大きなマイナスとなるであろう。

　現に、日本は、1993年に殺人の被疑者の引渡しを、死刑廃止国のスウェーデンから拒否された実例がある。そうなると、日本は、他国には国際協力をするが、凶悪犯罪に関しては他国から協力を得られないという状況に陥るのである。日本国民の安全のためには、「共謀罪」など立法する暇があったら、先に死刑廃止を検討したほうがよいのである。

---

36)　この議定書の条項は、第13議定書によって戦時犯罪にも拡大されている。

V 「共謀罪」の真の立法理由

1 「テロ対策」という立法理由の欺瞞性

(1) **条約上の「テロ対策」は履行済み** すでに述べたことでもあり、また、多くの論者が指摘していることであるが[37]、日本は、「爆弾テロ防止条約」や「テロ資金供与防止条約」をはじめとする5つの国連条約、および、その他8つの国際条約を締結するとともに、これに対応する国内法をすべて整備している。他方、TOC条約それ自体は、何度も繰り返すが、テロ対策の条約ではない。組織犯罪が得た資金がテロ組織に流れるかもしれないという結びつきがあれば、間接的にテロ対策となるにすぎず、これは、──「共謀罪」の対象犯罪である──窃盗罪が、稀には、組織犯罪の資金源につながるかもしれないというのと同程度の偶然である[38]。

(2) **忘れてはいけない言語問題** しかも、国際的な組織犯罪を本気で防ぐつもりなら、「共謀罪」を作っても役に立たない。もし、これを本気で防ぐのであれば、「共謀罪」ではなく、警察の組織とセンスを改革する必要がある。「センス」とは、どういう組織が本当に危ないのかを察知するセンスであり、それは、既存の警察組織の各部門が集めた情報を総合するだけでも、得られるものである[39]。

「組織」の改革とは、国際的なテロ組織を相手にするなら日本語や英語だけでは足りないということである。テロ組織を相手にするというのであれば、す

---

[37] 直近では、髙山佳奈子『共謀罪の何が問題か』(岩波書店、2017) 35頁以下参照。

[38] しかも、これ自体は、テロ資金提供罪の管轄である。これに対しては、すでに、「公衆等脅迫目的の犯罪行為のための資金等の提供等の処罰に関する法律」(平成14年6月12日法律第67号) がある。

[39] しかし、情報が膨大だと、せっかく集めた情報の中にテロを示唆するものがあっても、見過ごされてしまう。2013年4月15日のボストンマラソンでの爆弾テロでは、そのようなことがあったようである。

くなくともアラビア語は必要であろう。今の日本の警察に、外事情報部に属するごく一部の者を除いてアラビア語を駆使できる人間がどれぐらいいるのであろうか。警察のリクルート政策からみれば、そんな人間は、却って採用しないであろう。言い換えれば、日本語しかできない警察組織が用いる「共謀罪」は、日本語を話す人々の共謀しか相手にできないということである。こんなもので テロ対策などと言われたら国際社会に笑われる。

(3) オリンピックではなく外務省・法務省のメンツだった 「共謀罪」とTOC条約の締結が2020年の東京オリンピック・パラリンピックの開催のために必要だとする説明も、根拠のないものである。この点では、すでに髙山佳奈子教授が詳しい指摘をしているので、本書では、2020年に東京において、第14回「国連犯罪防止・刑事司法会議」の開催が予定され、その主要な議題の1つが「地域的協力を含む国際的組織犯罪対策のための国際協力」であることだけを指摘しておこう。

この「国連犯罪防止・刑事司法会議」は、2016年にドーハで開催されている。そこで、法務省は、「次回コングレスにおいては、この50年の我が国のたゆまぬ努力の結実としての国家の成熟や法の支配の浸透を是非世界中の方々に体感していただきたいと考えております。」と述べているのである。

このドーハでの会議では、「社会・経済問題に対処し、国家的・国際的な法の支配及び市民参加を推進するために犯罪防止・刑事司法をより広い国際連合のアジェンダへ統合することに関するドーハ宣言」が採択されている。そして、その8では、「我々は、締約国に対し、国際的な組織犯罪の防止に関する国際連合条約及びその付属議定書、腐敗の防止に関する国際連合条約、薬物関連3条約、並びにテロ防止に関する条約と付属議定書を履行し、より効果的に

---

40) 髙山・前掲『共謀罪の何が問題か』54頁以下も、この言語問題を指摘する。
41) 一匹狼（ローンウルフ）型のテロに対しては、「共謀罪」が役に立たないことは、2017年6月1日の参議院法務委員会の質疑において、与党の議員も認めていたことである。
42) 髙山・前掲『共謀罪の何が問題か』29頁以下。
43) 法務省のホームページに、その開催が掲示されている [http://www.moj.go.jp/hisho/kokusai/hisho10_00005.html]（2017年6月5日参照）。
44) 前注43）ホームページ参照。

活用することを奨励し、これらを締結していない加盟国に対し、批准もしくは加盟を検討することを要請する。」と書かれている。

そこで、2020年にこの会議の開催国となる日本は、これらの国際条約を締結していない加盟国に対し、批准もしくは加盟を検討することを要請すべき立場にあるのに、その日本が、これらの条約の1つであるTOC条約に加盟していないというのでは、法務省、そして外務省、ひいては日本のメンツが立たないのである。

他方、外務省は、これまで、「『重大な犯罪』を限定する旨の留保や『国際性』の要件を付す旨の留保を付すことは本条約の趣旨、目的に反するため許されないことは、これまで政府が繰り返し答弁してきたとおり」と宣言しているため、自縄自縛に陥っている。そのため、――実は「重大犯罪」を勝手に277に限定したにもかかわらず――このような法案を提案せざるを得ない。これが、外務省・法務省サイドからみた、本法の真の立法理由だったのである。

2 国際的な非難を浴びた立法作業

(1) **プライバシー権に関する国連特別報告者の書簡**　しかし、皮肉なことに、この「共謀罪」がまさに衆議院法務委員会を通過する前日、「国連の条約を結ぶのだ」という大義名分に反して、まさに国連サイドから、「共謀罪」に対する懸念が表明された。国連の人権高等弁務官事務所を介して、プライバシー権に関する国連特別報告者ジョセフ・カナタチ氏から、「共謀罪」に対する法案はプライバシー権と表現の自由を制約するおそれがあるとして深刻な懸念を表明する書簡が安倍首相宛てに送付され、また、国連のウェブページで公表され

---

45) その日本語訳は、[http://www.moj.go.jp/content/001161734.pdf]（2017年6月5日参照）にある。
46) 警察庁サイドからみた真の立法理由は、後にスノーデン証言の指摘で示すように、国民監視システムの構築であろう。
47) 特別報告者については、以下のサイトにある国連広報センターの説明がわかりやすい。[http://www.unic.or.jp/activities/humanrights/hr_bodies/special_procedures/]（2017年6月8日参照）
48) Joseph Cannataciカナタッチ、ケナタッチなど、日本語表記は様々である。

た。[49]

　この書簡では、まず、法案の「計画」や「準備行為」、「組織的犯罪集団」の文言があいまいで、恣意的な適用のおそれがあること、対象となる277の犯罪が広範で、テロリズムや組織犯罪と無関係の犯罪を多く含んでいることが指摘されている。いかなる行為が処罰の対象となるかが不明確であり刑罰法規の明確性の原則に照らして問題があるとするのである。

　次に、共謀罪の制定が監視を強めることになることを指摘し、日本の法制度において、プライバシーを守るための法的な仕組み、監視捜査に対する令状主義の強化や国家の安全のために行われる監視活動を事前に許可するための独立した機関の設置などが想定されていないことが問題視されている。

　さらには、そのうえで、日本政府に対して、法案とその審議に関する情報の提供を求め、要望があれば、国連から法案の改善のために専門家を派遣する用意があるとまで述べられていたのである。[50]

　注意すべきは、この書簡は、日本政府がTOC条約5条1項(a)(i)に示されている「合意」を処罰する規定を立法すること自体を、プライバシー権と表現の自由に対する侵害だと断じたものではないことである。そうではなくて、処罰の対象となる行為が規定上あいまいで恣意的な運用のおそれがあることと、テロや組織犯罪と無関係なものを多数含んでいること、反対に、プライバシーを守るための仕組みなどが想定されていないことに、これらの人権を侵害する懸念があるとして、日本政府に法案とその審議に関する情報の提供を求めるものだったということである。

(2)　**日本政府の対応**　しかし、5月22日に示された菅義偉官房長官の発言は驚くべきものであった。彼は、記者会見において、「特別報告者という立場は独立した個人の資格で人権状況の調査報告を行う立場であり、国連の立場を

---

49)　この書簡は、以下のホームページで見ることができる。[http://www.ohchr.org/Documents/Issues/Privacy/OL_JPN.pdf]
50)　以上の書簡の内容につき、簡潔に要点をまとめたものとして、海渡雄一「国連プライバシー権に関する特別報告者ジョセフ・カナタチ氏による日本政府に対する質問状について（解説Ver.2)」[http://blogos.com/article/225103/] がある。

反映するものではない」などとして、この書簡に関して「不適切なものであり、強く抗議を行っている」と述べたのである[51]。これは、国連特別報告者の調査に対して人権理事会の場で、いつでもこれを受け入れることを約束している日本政府を代表する発言としては、きわめて不適切なものであった。

(3) **国連特別報告者の批判** この官房長官の発言に対しては、すぐさま、以下のような特別報告者からの手厳しい反論がなされた[52]。すなわち、「私の書簡は、特に日本政府が、十分な期間の公的な議論を経ずに、提案された諸施策について必要とされる十分な考慮もないままに、法案を早急に成立させることを愚かにも決定したという状況においては、完全に適切なもの」であり、「私が、日本政府から受け取った『強い抗議』は、ただ怒りの言葉が並べられているだけで、全く中身のあるものではな」く、「この抗議は、プライバシー権に関する私が指摘した多くの懸念またはその他の法案の欠陥について、ただの一つも向き合ったものではない。」というのである。

そのうえで、特別報告者は、「現在の段階において、ただ一つの望みは、日本政府が私の書簡で触れたプライバシーの権利に着目した保護と救済の制度に注意を払い、法案の中に導入すること」であり、「私は日本政府が私の支援の申し出を受け入れて下さるのであれば、日本政府がさらに思慮深い地位へと到達できるように喜んでお手伝いをさせていただく。」と述べた。

(4) **国際的非難を浴びても邁進する国内治安法としての「共謀罪」** 現在、外務省は、国際的な批判にはさすがに抗しきれず、特別報告者の書簡に対する回答を準備しているという。しかし、「共謀罪」が成立したとされる6月15日の時点でも、正式な回答はまだのようである。加えて、国際社会に対して、国連の特別報告者制度に関する無知をさらけ出し、これを「個人の見解」

---

51) ロイター通信［http://jp.reuters.com/article/suga-human-righi-idJPKBN18I0AB］、ニューズウィーク［http://www.newsweekjapan.jp/stories/world/2017/05/post-7649.php］など。(いずれも2017年5月23日参照)
52) その内容については、BLOGOSのサイト［http://blogos.com/article/225103/］において日本語で読むことができる。さらに、産経新聞のサイトも、この反論の日本語訳全文を掲載している。［http://www.sankei.com/politics/news/170523/plt1705230032-n1.html］(いずれも2017年6月1日参照)

などと非難した官房長官の発言が与えた日本政府へのマイナスイメージは、相当に深刻なものと受け止めるべきであろう。
　そこで、問題の焦点は、このような人権侵害の懸念を誘発した「共謀罪」法の解釈にある。以下では、それを試みてみよう。

Ⅵ 「共謀罪」の解釈

1 「共謀罪」規定

本章では、本法のうちの「テロ等準備罪」＝「共謀罪」（以下、「共謀罪」と呼ぶ。）につき、条文の解釈を検討する。「共謀罪」を規定した組織犯罪処罰法6条の2第1項は、以下のものである。

> （テロリズム集団その他の組織的犯罪集団による実行準備行為を伴う重大犯罪遂行の計画）
> 第6条の2　次の各号に掲げる罪に当たる行為で、テロリズム集団その他の組織的犯罪集団（団体のうち、その結合関係の基礎としての共同の目的が別表第三に掲げる罪を実行することにあるものをいう。次項において同じ。）の団体の活動として、当該行為を実行するための組織により行われるものの遂行を2人以上で計画した者は、その計画をした者のいずれかによりその計画に基づき資金又は物品の手配、関係場所の下見その他の計画をした犯罪を実行するための準備行為が行われたときは、当該各号に定める刑に処する。ただし、実行に着手する前に自首した者は、その刑を減軽し、又は免除する。
> 一　別表第四に掲げる罪のうち、死刑又は無期若しくは長期10年を超える懲役若しくは禁錮の刑が定められているもの　5年以下の懲役又は禁錮
> 二　別表第四に掲げる罪のうち、長期4年以上10年以下の懲役又は禁錮の刑が定められているもの　2年以下の懲役又は禁錮

まず、この条文について、2「組織的犯罪集団」の定義、3「共謀罪」の対象犯罪、4「遂行を2人以上で計画した」、5「準備行為」の意味を検討し、6「その法定刑」、7「実行に着手する前に自首した」による必要的減免の要件と効果、8中止未遂制度との矛盾を確認した上で、9第6条の2第2項の主体を検討する。最後に、10予想される解釈論上の混乱と11濫用の危険にも言及する。

2 「組織的犯罪集団」の定義

　まず、組織犯罪処罰法第6条の2（以下、「第6条の2」と呼ぶ。）第1項にある「テロリズム集団」は、「その他の」とあるように、「組織的犯罪集団」の単なる例示であって対象をこれに準じるものに限定する機能を持たない。これは、6月23日依命通達でも確認されている。ゆえに、「共謀罪」の対象犯罪を知るためには、まず、「組織的犯罪集団」の定義を知らなければならない。これは、カッコ内にあるように、「団体のうち、その結合関係の基礎としての共同の目的が別表第三に掲げる罪を実行することにあるもの」をいう。そこにいう「団体」とは、組織犯罪処罰法2条1項によれば、「共同の目的を有する多数人の継続的結合体であって、その目的又は意思を実現する行為の全部又は一部が組織（指揮命令に基づき、あらかじめ定められた任務の分担に従って構成員が一体として行動する人の結合体をいう。以下同じ。）により反復して行われるもの」をいう。

　もっとも、「多数人」といっても、TOC条約2条(a)の定義によるなら、「組織的な犯罪集団」とは、「3人以上の者から成る組織された集団」であって、「一定の期間存在」するものであればよい。したがって、条約墨守を立法理由とするなら、「3人以上」で「多数人」となり、「一定の期間」で「継続的」となる。[53]

　他方、TOC条約2条(a)では、ここに「金銭的利益その他の物質的利益を直接又は間接に得るため」という目的要件が加わる。つまり、前述のようにこの条約は「テロ集団」ではなく、「物質的利益獲得を目的とする集団」つまり経済犯罪組織を狙いとするものなのである。しかし、本法にはこれがない。このように、本法とTOC条約との間には重大な齟齬がある。

　ここにいう「団体」は「組織」であることを要する。「組織」とは、「指揮命令に基づき、あらかじめ定められた任務の分担に従って構成員が一体として行動する人の結合体」をいう。とはいえ、万引きを常習とする3人の結合体でそのうちの1人がリーダー、他の2人がその使い走りというものでも、彼らがコンビニでの万引きの際に一体として行動しているのであれば、この「組織性」は

---

53) 以下、TOC条約の翻訳は、外務省ホームページ [http://www.mofa.go.jp/mofaj/gaiko/treaty/pdfs/treaty156_7a.pdf] を参照する。

充たされる。[54]

「その結合関係の基礎としての共同の目的」とは、この「団体」構成員をひとつの「団体」として結合させる共同の目的をいう。問題は、これを「団体」の設立当初からの第一次的目的に限定する明文規定がないことである。この点は、「参加罪」の系統に属するが、ドイツ刑法129条が規定する「犯罪結社罪」には「政党」や「犯罪行為の遂行が従属的な意味での目的若しくは活動にすぎないとき」を除外する明文規定があることと対照的である。[55]それゆえ、法務大臣は、当初は合法的な目的を追求する団体であっても、「その性質が一変した」ときには、この法案にいう「組織的犯罪集団」になると答弁し、また、法務副大臣は、一般人にも適用があることを認め、さらに、「嫌疑をもたれた段階で一般人ではない」と答弁している。この点では、リゾート会員権を販売する会社が実質的な破綻状態に陥った後はその営業はすべて詐欺に当たるので「詐欺罪に当たる行為を実行するための組織」に当たることになったとする2015（平成27）年9月15日の最高裁決定[56]は、ここでも妥当すると考えられる。[57]

「別表第三に掲げる罪」には、なお250以上の罪が含まれる。この中には、会長や会計係があらかじめ決められているキノコ愛好会による保安林でのキノコ狩り（森林法198条）[58]や、市民団体によって抗議活動として繰り返されている座り込み（組織犯罪処罰法3条1項12号の組織的威力業務妨害罪）、税理士事務所で行われるかもしれない所得税法違反（所得税法240条）、最高裁によれば暴力団員らによる民間のゴルフクラブでのゴルフコンペ（組織犯罪処罰法3条1項13号の組織

---

54) 組織的詐欺の事件であるが、神戸地判平成20・7・16（LEX/DB25421293）は、被告人をリーダーとする数名の振込め詐欺グループの犯行につき、「団体」の活動であると認定している。
55) ドイツ刑法129条の日本語訳については、法務省大臣官房司法法制部編『ドイツ刑法典』（法曹会、2007）97頁以下参照。
56) 最決平成27・9・15刑集69巻6号721頁。6月23日依命通達でも、「結合体の構成員が共通して有し、その達成又は保持のために構成員が結合している目的」であれば足りるとされている。
57) ゆえに、これを否定する2017年4月25日の井田良参考人の意見は誤りである。
58) なお、通常の森林窃盗罪は「共謀罪」の対象とならないので、保安林での森林窃盗のみを対象犯罪とする合理性は不明である。

的詐欺罪）でも、「組織的犯罪集団」の根拠たる対象犯罪となる。事実、2017年6月23日の警察庁刑事局長等による通達では、テロリズム集団のほか、暴力団、麻薬密売組織、振り込め詐欺集団等が例示されている。

他方、選挙運動において広告代理店などによって組織されるアルバイトへの報酬支払（公職選挙法222条、221条に規定する多数人買収及び多数人利害誘導罪）や特別公務員職権濫用罪・暴行陵虐罪（刑法194条・195条）、相続税法違反（相続税法68条）は、なぜか対象犯罪から除かれている。このように、277の罪への限定は、その理由が不明で恣意的なものといわざるをえない。

なお、別表第三に掲げる罪と別表第四に掲げる罪には相違がある。これは、「組織的犯罪集団」の中には、内乱罪や外患罪のように、すでに共謀や陰謀についての処罰規定があるものがあり、これらの罪は「組織的犯罪集団」の結合目的たる罪には入れなければならないが、「共謀罪」の対象犯罪には原理的に含まれないからである。他方、別表第四に掲げる罪には、組織的犯人蔵匿（組織的犯罪処罰法7条1項1号）のように、「組織的犯罪集団」の結合目的にはならないが、目的達成の手段として組織的に実行される可能性の高い犯罪が追加されている。

3 「共謀罪」の対象犯罪

(1) **次の各号に掲げる罪に当たる行為**　共謀罪の対象犯罪は、別表四に掲げられている。前述のように別表三に掲げられた罪と異同があることに注意しなければならない。以前に提案された「共謀罪」と比べて対象犯罪が676から277（あるいは316？）に「削減された」とされる。しかし、この中には、前述のように、そもそも「共謀」の対象となりえない罪（過失犯、結果的加重犯、予備罪、準備罪）が50以上、加重類型の元となる基本類型を「共謀」の対象とすれば

---

59) なお、刑法199条や246条などの、組織犯罪処罰法3条によって加重類型が作られている罪では、別表第三に加重前の罪が掲げられていない。しかし、組織犯罪処罰法3条はこれらの罪に「組織性」要件を加えて法定刑を加重したものにすぎないので、正確には、刑法199条や246条も、組織犯罪処罰法3条を通じて間接的に対象犯罪となっているのである。

足りる罪（営利目的麻薬密輸入罪など）も50以上、すでに「共謀」や「陰謀」を処罰する規定のある罪（爆発物取締罰則4条など）が10近くある。さらに、前述した殺人罪と組織的殺人罪（後者のみ対象）や背任罪と特別背任罪（前者のみ対象）のように、加重・減軽関係にある罪では、そのうちの一方のみが別表に記載されることで、実質的には減っていないものもあった。ゆえに、これらは実質的には「削減された」という評価に値しない。

問題は、これ以外の理由で「削減された」罪である。すでに別表第三の罪で触れたように、公職選挙法上の組織的な「買収及び利害誘導罪」（公選法221条、222条）や特別公務員暴行陵虐罪、相続税法違反、さらには特別法上の（公務員以外の）収賄罪などが除外されている。しかし、これによって、本法はTOC条約を文字通り墨守する必要はないという立場に立つことも明らかになった。

(2) **「団体の活動として、当該行為を実行するための組織により行われるもの」**　「計画」すなわち「共謀」の対象は、これらの対象犯罪のうち、「団体の活動として、当該行為を実行するための組織により行われるもの」である（以下、「組織性」と呼ぶ。）。しかし、ここにいう「団体」も「組織」も、「組織的犯罪集団」の定義に含まれているため、この文言に実質的な限定の意味はない。「団体の活動として」とは、「団体の意思決定に基づく行為であって、その効果又はこれによる利益が当該団体に帰属するものをいう。」（組織犯罪処罰法3条1項柱書）をいう。

なお、「組織により行われるもの」は、対象犯罪実行の主体が「組織」であることを意味しない。たとえば組織的殺人（組織犯罪処罰法3条1項7号）は、「組織」ではなく「組織」に属する自然人によって行われるのである[60]。

殺人罪（刑法199条）や詐欺罪（刑法246条）等の、組織犯罪処罰法3条に「組織性」による加重処罰規定が置かれている罪[61]については、すでにその成立要件に「組織性」が追加されている。この要件は、上述のように、「共謀罪」の対象犯罪の定義と重複している。ゆえに、「組織性」による加重処罰規定のない電

---

60) この点では、組織犯罪処罰法3条1項柱書にいう「組織により行われたとき」も、同様の解釈を必要とする。
61) これらの罪が間接的には対象犯罪であることは、前述したとおりである。

子計算機使用詐欺罪（刑法246条の2）でも、組織的詐欺罪と同じように、「組織的な電子計算機使用詐欺」のみが第6条の2第1項の対象となる[62]。

4　「遂行を2人以上で計画した」

「遂行の計画」は「2人以上」で足りる。TOC条約5条1項(a)(i)では、「重大な犯罪を行うことを一又は二以上の者と合意すること」と定義されている。6月23日依命通達では、「2人以上の者が具体的かつ現実的な合意をすること」と解されている。また、当該合意には、特定の犯罪を遂行することのみならず、当該犯罪に当たる行為が組織的犯罪集団の団体の活動として、当該行為を実行するための組織により行われるものであることについての意思の合致が含まれる必要があるとされている。

もっとも、従来の答弁では、「遂行の計画」は「犯罪の共謀」と同じ意味である。共同正犯で用いられる「共謀」においては、「順次共謀」も可能である[63]。ゆえに、「遂行の計画」は、電子メールやSNSなどを通じて順次行われてもよいことになる。加えて、組織犯罪処罰法12条では、「共謀」は、何らかの条約が要求すれば、国外犯も処罰されるものとされている。ゆえに、条約があれば、世界中どこで実行される予定の犯罪でも、また、どこでその「遂行の計画」をしても、「共謀罪」は成立することになる[64]。ネットに書き込んだ犯罪のアイデアがインターネットを通じて、国外にいる「組織的犯罪集団」のメンバーに伝わり、その賛同を得た上で、誰かがその準備行為をした場合にも、本罪は成立しうる。

注意すべきは、「組織により行われるものの遂行を2人以上で計画した」と

---

62)　言い換えれば、殺人罪や詐欺罪では、「組織性」は加重処罰を根拠づけると同時に、「共謀罪」の対象犯罪の要件ともなるという二重の機能を有するのである。これは、改正組織犯罪処罰法6条の2第2項において問題を露呈する。

63)　最大判昭和33・5・28刑集12巻8号1718頁等。

64)　「共謀罪」の国外犯とは、さしあたり、その実行行為である「共謀」すなわち「2人以上での計画」が国外で行われる場合を意味すると解される。もっとも、「共謀罪」は計画された犯罪が成立する場合にはこれに吸収されると解するなら、計画された犯罪の行為地も国外でなければ、「国外犯」とは言えないであろう。

いう文言では、計画した人物が組織に属する者であることを要しないということである。このことは、組織犯罪処罰法法3条1項の罪についてすら、大阪高判平成29・2・17LEX/DB25545570により認められている。部外者が「組織により行われるものの遂行」を、当該組織から相談を受けて「2人以上で計画した」場合でも、この文言だと、本罪が成立する余地がある。もちろん、「計画した」の態様に限定はない。

　なお、2017年6月1日、参議院法務委員会での審議において、法務省の林真琴刑事局長は、「組織的犯罪集団の構成員である者はもちろん、構成員でない者も計画の主体になりうる」と述べ、これを認めた。また、同日、金田勝年法相は「組織的犯罪集団の構成員ではないが組織的犯罪集団と関わり合いがある周辺者」は、処罰の対象となると答弁した。しかし、本条の単なる文言解釈では、計画した罪が「組織的犯罪集団」に利用される可能性については、未必の故意であっても該当するおそれがある。つまり、犯罪計画のアイデアをネットに流した際に、「これは組織的犯罪集団に利用されるかもしれない」と思っていた人も含まれてしまうのである。解釈・適用に当たっては、「組織的犯罪集団と関わり合いがある周辺者」への限定が必要であろう。

5　「準備行為」

　「準備行為」は、6月23日依命通達によれば構成要件の一部とされているが、「〜した者は、〜ときは」というその規定ぶりからみて、詐欺破産罪（破産法265条）にいう「破産手続開始の決定が確定したとき」と同じく、「客観的処罰条件」である。「客観的処罰条件」の実現にだけ関与した者は、「共謀罪」の共犯とはならない。

　「資金又は物品の手配、関係場所の下見」は単なる例示であり、対象犯罪の実行に着手しようと思えばいつでもそれを利用して実行に着手しうる程度の準備が整えられたときであれば、対象犯罪を実行するための「腹ごしらえ」でも

65）　以上の答弁については、「しんぶん赤旗」の以下のサイトに詳しく報じられている。
　　〔http://www.jcp.or.jp/akahata/aik17/2017-06-05/2017060501_04_1.html〕（2017年6月5日参照）

よい。また、「順次共謀」を介せば、見知らぬ誰かによる準備行為でもこの条件は充足される。

６月23日依命通達によれば、準備行為は、①「計画」とは独立した行為でなければならず、②その計画が実行に向けて前進を始めたことを具体的に顕在化させる行為でなければならない。計画内容をメモする行為や計画内容を相互に確認する行為は、これに当たらない。これによるなら、準備行為にだけ参加した人物は、「共謀罪」では処罰されないこととなろう。「客観的処罰条件」の実現に関与しても、その罪の共犯にはならないからである。

なお、従来の裁判例では、破壊活動防止法39条（政治目的のための放火の罪の予備等）および40条（政治目的のための騒乱の罪の予備等）にいう「予備」に関しては、「すくなくとも、実行行為着手前の行為が予備罪として処罰されるためには、当該基本的構成要件に属する犯罪類型の種類、規模等に照らし、当該構成要件実現（実行の着手もふくめて）のための客観的な危険性という観点からみて、実質的に重要な意義を持ち、客観的に相当の危険性の認められる程度の準備が整えられた場合たることを要する」と解されている。適法行為と外見上区別の不可能な「中立的行為」が「準備行為」と解されることは避けるべきであるから、「共謀罪」における「準備行為」の解釈にも、このような「予備」の解釈が妥当すべきであろう。[67]

---

[66] 「三無事件」に関する東京高判昭和42・6・5高刑集20巻3号351頁。また、その第１審判決（東京地判昭和39・5・30下刑集6巻5＝6号694頁）は、「予備行為自体に、その達成しようとする目的（いわば、本来の犯罪の実現）との関連において、相当の危険性が認められる場合でなければならない」とし、「各犯罪類型に応じ、その実現に『重要な意義をもつ』あるいは『直接に役立つ』と客観的にも認められる物的その他の準備が整えられたとき、すなわち、その犯罪の実行に着手しようと思えばいつでもそれを利用して実行に着手しうる程度の準備が整えられたときに、予備罪が成立すると解するのが相当である。」と述べる。なお、上告審である最決昭和45・7・2刑集24巻7号412頁は、これらの裁判例の結論を是認した。

[67] 「準備行為」に関しては、英米法にいう「顕示行為」(overt act) との類似性を指摘する見解もあるが、「顕示行為」は、歴史上、「中立的行為」でも認められてきたことがあるので、日本の法体系に適合するのは、「予備」との類比であろう。なお、「顕示行為」の広範な適用例に関しては、小早川義則『共謀罪とコンスピラシー』（成文堂、2008）が最も詳しい。

6　その法定刑

　本法では、別表第四に掲げる罪のうち、死刑又は無期若しくは長期10年を超える懲役若しくは禁錮の刑が定められているものについては「5年以下の懲役又は禁錮」が、別表第四に掲げる罪のうち、長期4年以上10年以下の懲役又は禁錮の刑が定められているものについては「2年以下の懲役又は禁錮」が定められている。つまり、「共謀罪」の法定刑には、2つの段階区分しか設けられていないのである。つまり、組織的な殺人の共謀も、組織的な傷害の共謀も、その法定刑は同じ（5年以下の懲役又は禁錮）なのである。

　他方、「共謀罪」の保護法益は、刑事局長の国会答弁によれば、計画した犯罪のそれだという。しかし、殺人罪と傷害罪とでは、その法益ないし法益侵害の重さは全く違うのであり、それは、これらの罪の法定刑に反映されている。「共謀罪」の対象となる組織的殺人の罪では「死刑又は無期若しくは6年以上の懲役」であり、他方、傷害罪では「15年以下の懲役又は50万円以下の罰金」である。

　ところが、本法では、組織的な殺人の計画も、いたずらで他人に下剤を盛る計画も、「5年以下の懲役又は禁錮」である。傷害の共謀も殺人の共謀も、その法定刑は同じであるうえに、既遂では罰金が選択可能な傷害罪でも、その共謀では罰金が選択できないのである。仮に保護法益が計画された犯罪類型ごとに異なると考えるのであれば、このような法定刑の定め方には問題がある。現に、組織的な犯行の場合の刑を加重した組織犯罪処罰法3条では、その法定刑は、犯罪類型ごとに異なって定められている。

　なお、この規定では、6月23日依命通達では否定しているが、組織的殺人予備罪（組織犯罪処罰法6条1項1号）の（共謀）共同正犯は5年以下の懲役なのに、準備行為を伴うその共謀は5年以下の懲役だけでなく禁錮となる余地があるように読める。また、たとえば大麻の栽培や輸出入の予備は3年以下の懲役なのに（大麻取締法24条の4）、準備行為を伴うその共謀は2年以下の懲役または禁錮と、刑の上限が下がっている。組織的犯行を2人以上で計画して準備した場合、却って刑が引き下げられるのである。これらは、「組織的犯行」が刑を引き上げるとする組織犯罪処罰法の趣旨──とりわけ同法3条──とは矛盾す

る。このように、「共謀罪」の法定刑の定め方は粗雑である。

7　「実行に着手する前に自首した」による必要的減免

6条の2第1項ただし書きにより、「共謀」に参加した者が「実行に着手する前に自首」すれば、「共謀罪」の刑を必要的に減免される。捜査機関に発覚する前であるか否かを問わない。しかし、反省して実行を中止しただけではこれを充たさない。反対に、自首減免では反省は不要である。ゆえに、反省なしの密告・裏切りによる自首でもかまわない。さらに、密告された場合、「冗談であった」といった抗弁の立証は困難なので、冤罪の危険は極めて大きい。

8　中止未遂制度との矛盾

この点につき、刑法43条ただし書きにある中止の場合の刑の必要的減免との整合性が問題となる。たとえば、窃盗予備の（共謀）共同正犯は、現行法では罪とならず、窃盗罪の実行に着手した後に中止すれば、刑の必要的減免を受けられる。しかし、「共謀罪」では、窃盗の実行に着手した者が自己の意思で中止したときは、窃盗罪の中止未遂としては刑の必要的減免を受けるのに、窃盗の共謀罪としては、なお、2年以下の懲役に処される。仮に、この場合には窃盗の共謀罪は窃盗未遂罪に吸収されるので、中止未遂による刑の減免が優先すると解しても、窃盗の実行の着手前において、自己の意思で窃盗の実行を中止した者は、共謀罪を吸収する罪がないので、なお2年以下の懲役に処されることとなる。これでは、刑を減免することによって犯罪の完成を阻止しようとする中止未遂規定の趣旨が没却される。

未遂処罰規定のない傷害罪の共謀では、その実行の着手後に中止した者も、共謀罪を吸収する未遂罪がないので、刑の減免の余地なく、5年以下の懲役または禁錮で処罰されることになってしまう。この点については、以下10で述べるように、刑法43条ただし書きの類推を考えなければならない。

9　第6条の2第2項の主体

> 前項各号に掲げる罪に当たる行為で、テロリズム集団その他の組織的犯罪集団に不正権益を得させ、又はテロリズム集団その他の組織的犯罪集団の不正権益を維持し、若しくは拡大する目的で行われるものの遂行を2人以上で計画した者も、その計画をした者のいずれかによりその計画に基づき資金又は物品の手配、関係場所の下見その他の計画をした犯罪を実行するための準備行為が行われたときは、同項と同様とする。

(1) その主体　第6条の2第1項には、上述のように、「計画した」主体を組織内の人物に限定する明文はない。ましてや、この第6条の2第2項は、組織的犯罪集団に不正権益を得させ、維持し、または拡大する目的で行われるものの遂行を計画した者を、その準備行為が行われた段階で処罰するものであるから、計画の主体が組織内の者に限定されないことは明らかである。ゆえに、「一般の方が対象となることはない」とする理解は明らかな誤りである。[68]

(2)「不正権益」　「不正権益」とは、「団体の威力に基づく一定の地域又は分野における支配力であって、当該団体の構成員による犯罪その他の不正な行為により当該団体又はその構成員が継続的に利益を得ることを容易にすべきもの」（組織犯罪処罰法3条2項）をいう。「団体の威力」に基づく「支配力」であるから、暴力団が「みかじめ料」を得るための「縄張り」がこれに当たることは明らかであるが、[69]薬物犯罪組織やテロ組織の領域支配等も含まれるかもしれない。[70]しかし、団体に対する「カンパ」のようなものは、「団体の威力」に基づ

---

68) このことは、2017年6月8日の参議院法務委員会における刑事局長の答弁でも認められた。
69) 東京高判平成16・3・9判時1886号158頁等。6月23日依命通達も、これを確認している。
70) 2017年6月8日の参議院法務委員会では、刑事局長は、薬物密売組織Aが、ある街のある地区の薬物密売を行っていたところ、別の薬物密売組織のBが、当該地域における薬物密売を企てたことから、Aの構成員らが、ある地区における薬物密売利権を維持するために、薬物密売組織Bの構成員らを殺害するような計画をしたような場合がこれに当たると答弁している。しかし、この「組織的殺人」は、すでに第1項に該当するであろう。加えて、「Bの構成員らを殺害するような計画」は、Aの構成員でない者が2人以上で作り、これをAのメンバーに提案することも可能である。さらに、ネットを介せ

く「支配力」ではないから、「不正権益」には含まれないであろう。

(3) 「団体の活動として、当該行為を実行するための組織により行われるもの」　なお、組織の外部者が計画する罪についてまで、「組織性」による限定をかけると、外部者による援助行為という意味がなくなる。ゆえに、たとえば電子計算機使用詐欺罪（刑法246条の2）の「共謀」は、「組織性」を要しないものと解される。

しかし、詐欺罪（刑法246条）は、別表第四では組織犯罪処罰法3条の罪として掲げられている。ゆえに、第6条の2第2項の「共謀罪」に関しても、詐欺罪については「組織性」のあるものに限定されていることになる。これは、殺人罪（刑法199条）についても同じである。つまり、殺人や詐欺では、第2項の共謀でも、計画された犯罪には「組織性」が必要なのに、傷害や電子計算機使用詐欺では、「組織性」が不要となるのである。しかし、組織外からの援助としての罪の「共謀」が、殺人や詐欺などに関しては「組織性」を要し、それより軽い罪について不要となるのは矛盾である。これは、対象犯罪を少なく見せるために重ねて刑法上の殺人罪や詐欺罪を対象犯罪とする必要がないと軽信したことによって生じた矛盾である。

たとえば、薬物密売組織Aが、ある街のある地区の薬物密売を行っていたところ、別の薬物密売組織のBが、当該地域における薬物密売を企てたことから、Aの構成員らが、ある地区における薬物密売利権を維持するために、薬物密売組織Bの構成員らを殺害するような計画をしたような場合、この計画された殺人が、Aの構成員2名による単発的な行動であったなら、これは別表四に掲げられた「組織的殺人」ではないため、本条第2項の「共謀罪」の対象とはならない。他方、これがBの構成員らを傷害する計画であったなら、それは同項の「共謀罪」の対象となるのである。

10　予想される解釈論上の混乱
(1) （共謀）共同正犯とその他の共犯の区別　　「共謀罪」では、その解釈上、

ば、Aのメンバーと面識のない者でも、これは可能である。

他の規定との間で様々な解釈上の混乱が起きることが予想される。以下では、そのいくつかを例示しておきたい。

　まず、すでに予備罪ないし準備罪の規定がある罪（殺人罪など）については、これについて、さらに（共謀）共同正犯となる者と教唆・幇助等の共犯となる者との区別が可能であり（刑法60条以下）、かつ、幇助の場合は必要的減軽がある（刑法63条）。

　これに対して「共謀罪」の場合には、「２人以上で計画した者」につき、このような正犯と共犯の区別が可能かどうかという疑問がある。これは、とりわけ従犯の必要的減軽にとって重要である。

　たとえば、組織的殺人予備罪（組織犯罪処罰法６条１項１号）の（共謀）共同正犯は５年以下の懲役であり、その従犯は２年６月以下の懲役となる。しかし、これが、その成立要件においてほぼ共通する「共謀罪」では、実行に際しては従犯的な役割しか与えられていない者についても、計画段階から関与した以上、「共謀罪」の正犯として従犯減軽のチャンスを失うのではなかろうか。

　加えて、「共謀罪」に対する刑法総則の共犯規定（刑法60条以下）の適用は可能か、という問題がある。「共謀罪」は「２人以上」の関与を必要とする「必要的共犯」であるが、従来の判例や学説では、「必要的共犯」であっても外部者による共犯は可能だとされている。しかし、「共謀罪」の場合には、「２人以上で計画」していない部外者、たとえば犯行計画を知らされて単純に賛同しただけの者についてまで処罰を認めるべきではない。反対に、計画を聞かされて助言

71）　一般的な予備行為の処罰規定がある罪では、「共謀罪」を追加しても、その実質はこれらの罪の共謀共同正犯と変わりはない。ここに差異を設けようとすると、「共謀罪」における「準備行為」はこれらの罪の「予備行為」とは異なる、あるいはこれより広いものと解さざるを得なくなる。しかし、「予備行為」自体が無限定である以上、これは不可能である。たしかに、他人が実行する予定の殺人の予備をした場合、「199条の罪を犯す目的」は自らが殺人を実行する場合を意味するため（「自己予備」）単独犯としての殺人予備罪は成立しない。しかし、すでに最高裁はこのような場合に殺人予備罪の共同正犯を認めてしまっている（最決昭和37・11・8刑集16巻11号1522頁）。ゆえに、「共謀罪」を設けることで初めて「他人予備」にまで処罰範囲を拡大することにはならないであろう。

72）　凶器準備集合罪（刑法208条の２）に関して共謀共同正犯を認めた裁判例に、東京高判昭和44・7・21東高時報20巻7号132頁、同昭和49・7・31高刑集27巻4号328頁がある。

した者は、その助言によって計画が改良された場合には、「計画した者」に当たるであろう。なお、6月23日依命通達は、計画した者を「共謀罪」で処罰する場合、刑法60条を適用する必要はないとしている。

(2) **懲役と禁錮の選択可能性**　「共謀罪」では、その刑が「懲役又は禁錮」と規定されているため、対象犯罪の法定刑に懲役刑しかない罪についても、禁錮刑適用の余地があり、あるいは禁錮刑しかない罪の共謀に懲役刑を科す余地があるかのように読める。6月23日依命通達は、この可能性を否定しているが、それには裁判所を拘束する力はない。

他方で、現在、法務大臣は、法制審議会に懲役と禁錮の区別をなくす「自由刑の一本化」の検討を諮問している。これにより、近い将来にこれら2つの刑の区別がなくなる可能性がある。しかし、一本化されるまでは、実務において混乱が生じるであろう。

なお、禁錮の選択が可能である点で、「共謀罪」の刑の下限は、懲役のみを規定する罪の刑の下限よりも軽いことになる。

(3) **中止による刑の減免の余地**　「共謀罪」は、未遂の処罰規定がある罪については中止未遂による刑の必要的減免を無意味にし、未遂が処罰されない犯罪では実行の着手後に引き返すための誘因を失わせる可能性がある。

たとえば、窃盗予備の（共謀）共同正犯は、現行法では罪とならず、窃盗罪の実行に着手した後に皆で中止すれば、刑の必要的減免を受ける（刑法43条ただし書き）。しかし、「共謀罪」では、実行の着手後に中止しても、「共謀罪」による処罰の可能性は残るため、「刑の免除」の可能性が消えてしまう。それでは、刑を減免することによって犯罪を未遂で終わらせようとする中止未遂既定の趣旨が没却される。

この点につき、6月23日依命通達では、「共謀罪」は実行された罪の既遂または未遂に吸収されるものと解されている。そこで、仮に、この場合に、「共謀罪」は後に成立する窃盗未遂罪に吸収されると解したら、その限りでは矛盾

---

73)　「共謀罪」に関する法制審議会刑事法（国連国際組織犯罪条約関係）部会では、このように解されていたようである。しかし、後に凶器準備集合罪の例で示すように、裁判所や実務がそのように解する保証はない。

は解消する。しかし、実行の着手前においては、自らは準備をしなかった者も含めて、たとえ着手前に中止したとしても2年以下の懲役である。このように、予備段階で窃盗を中止したが自首はしていない者には、これまでは刑は科されなかったにもかかわらず、刑の減免の余地なく2年以下の懲役・禁錮で処罰されるのである。

また、支払用カード電磁的記録不正作出(「カード偽造」)の予備(刑法163条の4)は単独でも3年以下の懲役である。これに対して「共謀罪」では、組織的なカード偽造の準備行為がなされた場合、なぜかそれより軽い2年以下の懲役または禁錮が予定されている。

この場合、カードの電磁的記録情報の取得や提供の未遂(刑法163条の5)による任意的減軽や中止未遂による必要的減免では、電磁的記録情報の取得や提供の(障碍または中止)未遂と評価される予備行為のみが任意的減軽や必要的減免の恩恵を受け、他の準備行為はその恩恵を受けないという矛盾が放置される。

これについては、起訴猶予裁量の活用など現場の運用に委ねるとする回答は意味をなさない。それですむのであれば、そもそも、自首減免規定すら不要のはずだからである。やむを得ない場合には、「刑の免除」に関して、「共謀罪」は既遂となっているにもかかわらず、刑法43条ただし書きの類推を可能としなければならないであろう。

(4) **未遂の処罰規定がない罪**　さらに、傷害罪(刑法204条)や組織的建造物等損壊罪(刑法260条→組織犯罪処罰法3条1項15号)の未遂は、現行法では処罰されない。たとえば、前述したように、人に下剤を飲ませようとする寸前で中止した者等は、傷害未遂で処罰されることはない。ゆえに、傷害未遂が「共謀罪」を吸収する余地はない。

この場合、未遂処罰規定がある罪では「共謀罪」は後に成立する未遂罪に吸収されるが、傷害罪では、このような方法での刑の減免の余地もなく、5年以下の懲役または禁錮で処罰されることになる。そうなると、裁判では、被告人側が未必の殺意を主張して殺人の中止未遂規定の適用を求めるという逆転した

事態が発生することになろう[74]。ゆえに、ここでも、「刑の免除」に関して、刑法43条ただし書きの類推を可能としなければならないであろう。

(5) **親告罪の「共謀」の親告罪化**　組織犯罪処罰法 6 条の 2 第 3 項では、「別表第四に掲げる罪のうち告訴がなければ公訴を提起することができないものに係る前 2 条の罪は、告訴がなければ公訴を提起することができない。」とされている[75]。その結果、未成年者拐取罪（刑法224条）のような告訴がなければ公訴を提起することができない罪、つまり「親告罪」では、その組織的犯行を 2 人以上で計画し何らかの準備行為が行われた場合でも、告訴がなければ「共謀罪」として処罰することができない。

ところで、告訴権者については、刑事訴訟法230条により、まず「犯罪により害を被った者は、告訴をすることができる。」とされている。ここにいう「犯罪により害を被った者」とは、「犯罪による直接の被害者をいい」、「当該犯罪の構成要件が規定している保護法益の主体となる者」をいう[76]。

もちろん、「被害者の法定代理人は、独立して告訴をすることができる。」（刑訴法231条 1 項）うえ、「被害者が死亡したときは、その配偶者、直系の親族又は兄弟姉妹は、告訴をすることができる。」（同条 2 項柱書）。さらに、「親告罪について告訴をすることができる者がない場合には、検察官は、利害関係人の申立により告訴をすることができる者を指定することができる。」（同法234条）こと

---

[74]　なお、殺人予備罪（刑法201条）では「情状により、その刑を免除することができる。」のに、組織的殺人予備罪（組織犯罪処罰法 6 条 1 項 1 号）では、実行前に全員が反省して犯行を止めても、自首しない限り、刑の減免の余地がないかもしれない。また、元の罪に一般的な予備罪の規定がなかった組織的営利目的略取誘拐予備罪（組織犯罪処罰法 6 条 1 項 2 号）では、そもそも情状による刑の免除規定がない。「共謀罪」は、これらの矛盾をそのまま引き継いだものになろう。

[75]　これは、衆議院において「日本維新の会」を取り込むために作られた修正案において加えられたものである。この修正案の要旨では、「告訴がなければ公訴を提起することができないものに係るテロリズム集団その他の組織的犯罪集団による実行準備行為を伴う重大犯罪遂行の計画の罪について、告訴がなければ公訴を提起することができない旨を明記する」と書かれている。

[76]　公務執行妨害罪の場合は、「暴行脅迫の対象となった公務員も被害者として告訴をすることができる」とされている。以上の説明は、松尾浩也監修、松本時夫ほか編集代表『条解刑事訴訟法［第 4 版増補版］』（弘文堂、2016）445頁による。

になっている。

　問題は、「共謀」すなわち「計画」段階では、まだ誰が「害を被った」か、誰が告訴権者となるのか、明らかではないということである。もちろん、親告罪には、未成年者拐取罪のように未遂を処罰するものもあるので、「害を被った者」の中にはさらわれそうになった者も含むであろう。しかし、共謀者らが「誰か子供をさらおう」という内容で合意した場合、つまり被害者を特定しない未成年者拐取の「共謀」では、一体誰が告訴権を有するのであろうか。このような場合には、「共謀罪」について告訴権を有する者はいないので、共謀を処罰することはおよそできなくなる。このような矛盾もまた、既遂→未遂→予備という実害に近い行為から順に犯罪化するという刑法の原則を破ったことによって生じたものである[77]。親告罪については、そもそも、「共謀罪」の対象から外すべきであったと思われる。

(6)　**公訴時効の起算点**　　犯罪には、刑訴法250条にあるように、公訴時効という制度がある。これは、結果犯の場合は結果発生を含めて、犯罪行為が終了した時点から進行する。殺人罪であれば、被害者が死亡した時点からである。

　問題は、「共謀罪」の公訴時効はいつから進行するのかということである。一般に、公訴時効の起算点は犯罪行為が終了したときからであり、客観的処罰条件の成就まで待つものではない。そして、前述したように、その規定ぶりから「準備行為」は客観的処罰条件と考えられる。ゆえに、「2人以上で計画した」ときから進行するはずである。しかし、計画した犯罪が終了するまでは、犯行計画はいつでも変更できよう。そうなると、計画が変更されるたびに時効の起算点が変更されることとなり、時効完成の判断が困難になる。

　仮に「準備行為」が構成要件要素であると考えた場合には、起算点はさらに不安定になる。というのも、「準備行為」は、計画された犯罪が終了するまで可能であり、かつ、犯行計画が確定した後でも、この状況は変わらないからである。順次共謀を介した場合には、いつ誰がどこで「準備行為」を行うかは、共謀者にも予測不可能となる。

77）「法定的符合説」によるなら、世界中の未成年者に告訴権があるとでもいうのであろうか。

ゆえに、証拠上証明される最後の「計画」ないし「準備行為」の時点から、公訴時効は進行するものと解さざるを得ない。

　もちろん、最後の「計画」ないし「準備行為」の時点がわからなくなる点は、訴追側にも困難を生じる。被告人側が援用する公訴時効完成の主張に対して、それを否定することが困難になるからである。しかし、この困難は、このような不完全な形で法律を作ったことによるのであるから、訴追側によって甘受されなければならない。

　(7)　条約による「共謀」国外犯処罰と計画された犯罪の国外犯処罰　　「共謀罪」は、組織犯罪処罰法12条により刑法4条の2の「例に従う」こととなる結果、しかるべき条約があれば、「共謀」段階で、国外犯処罰ができることとなる。計画した犯罪の国外犯は処罰されないままでも、これは可能なのである。たとえば、森林法198条にある保安林での森林窃盗には、今のところ国外犯処罰規定はないが、その共謀は、「共謀罪」の国外犯を処罰する旨の条約があれば国外犯でも処罰されるというのである。これは、軽微な犯罪まで「共謀罪」の対象としたことによって生じたアンバランスであろう。わが国の刑法の原則によるなら、目的たる犯罪を越えて国外犯である「共謀」を処罰することはできないように思われる。

　「共謀罪」において犯罪地が「国外」であることの意味も、問題である。未遂犯の場合は、既遂結果発生の場所が国内であれば「国内犯」とされるが、「計画」あるいは「準備行為」で完結してしまう「共謀罪」では、「計画」か「計画された犯罪」か、いずれを基準にして国内・国外の区別をするのか、問題が生じる可能性もある。「共謀罪」が、計画された犯罪が実現された場合には後者に吸収されると解するのであれば、「共謀」か「計画された犯罪」かのいずれかが「国内」で行われたなら、それは「国内犯」となる。しかし、「共謀罪」を「計画された犯罪」から独立した罪と解するなら、「共謀」が国内で行われなければ、それは「国外犯」である。

　さらに、「共謀罪」の対象犯罪は広いため、場合によっては、「計画された犯罪」の行為地では犯罪とならない行為が、「共謀罪」で処罰されることもありうる。このことは、「双罰性」要件との間で矛盾を生じ、その結果、TOC条約の

目的である国際協力を阻害する可能性がある。

11　濫用の危険
(1)　**凶器準備集合罪が教えるもの**　政府答弁とその後の解釈の関係を考えるに当たっては、法学部などの「刑法各論」の講義において必ず学習する凶器準備集合罪が参考になる。同罪は、刑法における「傷害の罪」の章の中の208条の2に規定されている。

> (凶器準備集合及び結集)
> 第208条の2　2人以上の者が他人の生命、身体又は財産に対し共同して害を加える目的で集合した場合において、凶器を準備して又はその準備があることを知って集合した者は、2年以下の懲役又は30万円以下の罰金に処する。
> 2　前項の場合において、凶器を準備して又はその準備があることを知って人を集合させた者は、3年以下の懲役に処する。

この罪の提案理由については、1958年3月19日の衆議院本会議、翌20日の参議院本会議において、当時の唐沢法務大臣が、次のように説明した。

> 「この規定が誤って適用されれば、あるいは労働運動その他の大衆運動に適用されるおそれはないかというお考えのようでございますが、これは御承知のように、たとえば、別府事件とか、小松島事件というような、暴力団が凶器を持って相対峙しまして、そして非常な殺傷事犯を起した、これを取締ることを目途といたしまして立案いたしたものでございまして、労働運動等について、これを適用する意図は全然ございませんし、これは条文をごらん下さいましてもさようなおそれはないと信じております。」

また、竹内寿平政府委員（法務省刑事局長）は、衆・参の法務委員会において次のように説明している。

> 「第208条の2は、他人の生命等に害を加えることを目的とする凶器の準備を処罰する趣旨の規定でございます。最近いわゆる暴力団等の勢力争い等に関連いたしまし

て、なぐり込みなどのために相当数の人員が集合し、人身に著るしく不安の念を抱かしめ、治安上憂慮すべき事態を惹起した事件が相次いで発生いたしたのでありますが、これを検挙、処罰すべき適切な規定がございませんため、その取締に困難を来している実情にかんがみまして新設したものでございます」(昭和33年3月24日・参院法務委員会、昭和33年3月25日・衆院法務委員会)

さらに、この法案成立に際しては、自由民主党および日本社会党共同提案による以下のような附帯決議案が出され、全会一致で可決されている。

> 「本改正案の実施にあたっては、政府は、検察権、警察権の濫用を厳に戒め、政治活動を阻害し、或いは労働運動を抑圧することのないように留意し、なお、斡旋収賄罪については、将来所謂第三者供賄に関し、十分検討すべきである。右決議する。」

しかし、実際には、この規定は学生運動などの政治活動にも適用された[78]。つまり、ここでは、法務大臣や法務省刑事局長が暴力団に限定した適用を示唆しても、そこに「等」が付いている限り、限定的適用の保障はなく、また、全会一致での附帯決議がなされても、三権分立の建前上、裁判所や実務はそれに拘束されないということが、見事に例証されているのである[79]。

しかし、前述した国連の独立報告者の懸念にあるように、「共謀罪」には表現の自由やプライバシーの権利を侵害する恐れが大きい。ゆえに、「共謀罪」の解釈・適用に際しては、憲法および国際人権規約が日本に妥当しているのであるから、その趣旨に沿った答弁は、裁判所も尊重しなければならないであろう。

(2) 三権分立を無視した「衆議院附帯決議」　ところで、本法が本 (2017) 年5月23日に衆議院で採決された際、「政府及び最高裁判所は、本法の施行に当たっては、次の諸点に留意し、その運用に遺漏なきを期するべきである。」という一文を含んだ、以下のような附帯決議がなされた。

---

78) 最決昭和45・12・3刑集24巻13号1707頁、最判昭和52・5・6刑集31巻3号544頁等。
79) この問題を鋭く突いているのは、前掲最決昭和45・12・3における弁護人杉本昌純、同北村哲男の上告趣意である。

一　検察官及び検察事務官並びに司法警察職員は、組織的な犯罪の処罰及び犯罪収益の規制等に関する法律第６条の２第１項及び第２項の罪の立証において、計画に参加した者の供述が重要な証拠となり得ることに鑑み、当該罪については、取調べ等の録音・録画を、テロを含む組織的に行われる重大犯罪の未然防止の必要性、組織犯罪の背景を含む事案の真相解明への影響等にも留意しつつ、できる限り行うように努めること。
　二　本法の目的が、国際的な組織犯罪の防止に関する国際連合条約を実施し、国際的協調の下にテロ行為を含む国際的な組織犯罪と戦うための協力を促進することにあることを踏まえ、国民が安全に安心して暮らせる社会の実現を図るため、国際的なテロリズム集団の活動状況等に関する情報交換の推進その他のテロ行為を防止するために必要な措置について引き続き検討すること。
　三　組織的な犯罪の処罰及び犯罪収益の規制等に関する法律第６条の２第１項及び第２項に規定する罪の捜査に当たっては、組織的犯罪集団の関与についての認定が適切になされることが極めて重要であることに鑑み、その点に関する十分な証拠収集に努め、万が一にも正当な目的で活動を行っている団体の活動を制限するようなことがないようにすること。
　四　本法が、これまでの国会審議等において示された様々な不安や懸念を踏まえて立案されたものであり、組織的な犯罪の処罰及び犯罪収益の規制等に関する法律第６条の２第１項及び第２項が厳格な構成要件を定めることとした経緯等を踏まえ、本法が成立するに至る経緯、本法の規定内容等について関係機関及び裁判所の職員等に対する周知徹底に努めること。

　この種の、最高裁判所をも名宛人とする附帯決議は、近年、幾度か行われている[80]。しかし、憲法76条３項が「すべて裁判官は、その良心に従ひ独立してその職権を行ひ、この憲法及び法律にのみ拘束される。」と規定するように、法律ではない附帯決議は裁判官を拘束しない。ゆえに、裁判所を拘束したいなら、「附帯決議」ではなく、「法律」に明記しなければならない。

---

80)　第183回国会衆議院での「裁判所職員定員法の一部を改正する法律案に対する附帯決議」、第189回国会衆議院での「刑事訴訟法等の一部を改正する法律案に対する附帯決議」、第190回国会衆議院での「裁判所職員定員法の一部を改正する法律案に対する附帯決議」、第193回国会衆議院での「裁判所職員定員法の一部を改正する法律案に対する附帯決議」、第193回国会衆議院での「刑法の一部を改正する法律案に対する附帯決議」などである。

加えて、この附帯決議の内容の多くは、裁判所を対象とするものではない。上記の決議内容のうち、一から三までは、検察・警察という捜査機関に対して向けられたものである。たしかに、四は「裁判所の職員等」にも向けられているが、「共謀罪」に関する本書の注釈でもわかるように、「本法の規定内容等」については、不明確な部分や矛盾をはらんだものが多い。ゆえに、「周知徹底」すべき内容自体を詰める努力は、まずは国会に対して要請されなければならないのである。[81]

　しかし、ここでも、前述したように、「共謀罪」の解釈・適用に際しては、憲法および国際人権規約が日本に妥当しているのであるから、その趣旨に沿った附帯決議は、尊重されなければならない。ゆえに、とりわけ、「万が一にも正当な目的で活動を行っている団体の活動を制限するようなことがないようにすること」は、まず、捜査機関および訴追機関に対して妥当すべきものである。

---

81) にもかかわらず、参議院は、故意に審議を遅らせていたわけではなく、与党の院長が議事をつかさどっていた法務委員会の審議を中断して、審議不十分のまま「共謀罪」の採決に及んだことは、忘れてはならないであろう。

Ⅶ　テロの脅威は「対テロ戦争」への参戦から

1　「共謀罪」のテロ防止効果？

ところで、「共謀罪」(conspiracy)のあるアメリカ合衆国と、極めて例外的な罪を除き、それがなかった日本とで、どちらが「テロの脅威」に晒されているのであろうか。その答えは明白である。すなわち、「共謀罪」のあるアメリカのほうが、「テロの脅威」に晒されているのである。

もちろん、その理由は、「共謀罪」の有無とは関係がない。そうではなくて、原因は、「対テロ戦争」の名目のもとに、主にイスラム諸国において空爆などで民間人を含む多くの犠牲者を出しているアメリカの世界戦略にある。それが、「憎しみの連鎖」を生んでいるのである。

問題は、「集団的自衛権」を前提にした「安保法」を制定するなどして、日本が、この「対テロ戦争」に本格的に参戦する構えを見せていることである。日本が今後、「テロの脅威」に晒されるとすれば、その原因はここに見いだされることになろう。

2　TOC条約のテロ防止効果？

いうまでもなく、TOC条約の批准は「テロの脅威」を軽減するものではない。本条約を批准していてもテロが頻発するヨーロッパやアメリカをみれば、それは例証される。2015年11月13日には、パリで大規模なテロが起きた。その背景には、フランスによるシリア空爆がある[82]。しかも、この空爆によってその威力を証明されたフランスの最新鋭戦闘機「ラファール」が、中東諸国などに大量に売れているという[83]。

---

82)　映画「アラビアのロレンス」でも描かれていた、フランス軍によるダマスカス空爆は、現代の出来事と重なるのである。

83)　この記事については、古賀茂明氏の『週刊現代』掲載の記事を参照。[http://gendai.

もちろん、TOC条約締結は、フランスにとって「テロ防止効果」を持つものではなかったのである。

3　真の「テロ防止」のためには

　つまり、真の「テロ防止」のためには、前述した言語問題を含む警察のリクルート政策の転換などの警察組織の改革のほかに、「対テロ戦争」への本格的参戦を回避するという策が必要なのである。首相は、2017年4月19日の衆議院法務委員会において、「共謀罪」につき、「テロが世界各地で発生し日本人も犠牲となるなか、東京五輪を3年後に控える。『テロ等準備罪』の新設で組織的に行われる重大な犯罪の未然防止に資する。」と答弁した。しかし、これは、「テロ対策でない条約を担保する法案がなぜテロ対策なのか？」という質問に対する回答になっていない。まさに、「共謀罪」の新設が「組織的に行われる重大な犯罪の未然防止に資する。」というのは、根拠のない願望の表明に他ならないのである。

　そうではなくて、いかにして「対テロ戦争」への本格的参戦を回避するかを考え、その策を講じることの方が、国民の安全に資する。

---

ismedia.jp/articles/-/46993〕(2017年6月9日参照)

Ⅷ 監視社会の構築による市民的自由の窒息

1 密告規定の危険性

　最後に、繰り返しになるが、「共謀罪」にある「実行に着手する前に自首した者は、その刑を減軽し、又は免除する。」という密告者必要的減免の規定は、犯行の中止や反省を評価するものではなく「裏切り」に報酬を与える制度である。これは、「犯罪を計画」していないという証明の難しさを考えれば、無数の「冤罪」を誘発する危険を孕んでいる。

2 盗聴の拡大と会話盗聴の合法化

　加えて、現在の通信傍受法(「犯罪捜査のための通信傍受に関する法律」(平成11年8月18日法律第137号))3条1項3号によれば、すでに、「長期2年以上の懲役若しくは禁錮に当たる罪」が、各種の薬物犯罪や殺人、傷害、略取・誘拐、窃盗、詐欺などの罪と「一体のものとしてその実行に必要な準備のために犯され」、かつ、引き続き、上記の各種の薬物犯罪などの罪が「犯されると疑うに足りる十分な理由がある場合において、当該犯罪が数人の共謀によるものであると疑うに足りる状況があるとき」は、通信傍受すなわち盗聴が可能である。そして、本法における「共謀罪」は、すべて、「長期2年以上の懲役若しくは禁錮に当たる罪」に該当する。ゆえに、本法は、犯罪計画段階での密告を奨励するだけでなく、捜査手法としての盗聴の日常化をもたらす大きな危険を持つものである。

　加えて、昨年の「通信傍受法」等の改正では見送られた会話盗聴の合法化は、「共謀罪」が成立すれば、次の法改正の焦点となるであろう。これらの情報収集活動によって得られた情報を、マイナンバーなどによって得られる他の生活データと組み合わせる「総合監視」を行えば、人々のプライバシーは丸裸になってしまう。

ゆえに、今必要なことは、この「共謀罪」を廃止すること以外では、プライバシーを守るための法制度の整備である。それは、通信や会話をみだりに傍受されないことと、やむにやまれぬ理由があって傍受された通信や会話の記録が、しかるべき時期に対象者に知らされること、および、必要性の消滅などを理由とするその廃棄を求める権利などを保障する法制度である。[84]

3 「携帯があなたを監視する」

ところで、CIAの局員であったエドワード・スノーデンの話では、世界中の人々に関するインターネット上のデータを検索・分析するためのコンピュータ・システムであるエックスキースコア（XKeyscore）が、すでに日本当局の手にあるという[85]。このシステムを使えば、電子メールばかりでなく、携帯の通信記録やグーグルの検索ボックスに打ち込んだ内容もすべてデータ化され、政府がモニタリングすることができる。「共謀罪」の立法動機は、ひょっとすると、このエックスキースコアを大々的に活用してCIAに提供することにあるのかもしれない。

---

84) もちろん、本書に示した欠陥だらけの「共謀罪」は、いったん、廃止するべきものであることは、論を待たない。
85) 「米NSA、日本にメール監視システム提供か　米報道」朝日新聞DIGITAL［http://www.asahi.com/articles/ASK4S6QZGK4SUHBI035.html］、「米が日本に諜報機器提供　スノーデン文書で公開」産経ニュース［http://www.sankei.com/world/news/170424/wor1704240062-n1.html］など。さらに、エドワード・スノーデンほか『スノーデン　日本への警告』（集英社、2017年）参照。

資　　料

〔1〕　国際的な組織犯罪の防止に関する国際連合条約（抜粋）
〔2〕　組織的な犯罪の処罰及び犯罪収益の規制等に関する法律
　　　（平成十一年八月十八日法律第百三十六号）
　　　＊附則は法律文化社のホームページ教科書関連情報にて掲載。
〔3〕　共謀罪の対象犯罪一覧表
〔4〕　組織的な犯罪の処罰及び犯罪収益の規制等に関する法律
　　　新旧対照条文表

〔1〕 国際的な組織犯罪の防止に関する国際連合条約

(訳文／抜粋)

第一条　目的

この条約の目的は、一層効果的に国際的な組織犯罪を防止し及びこれと戦うための協力を促進することにある。

第二条　用語

この条約の適用上、
(a) 「組織的な犯罪集団」とは、三人以上の者から成る組織された集団であって、一定の期間存在し、かつ、金銭的利益その他の物質的利益を直接又は間接に得るため一又は二以上の重大な犯罪又はこの条約に従って定められる犯罪を行うことを目的として一体として行動するものをいう。
(b) 「重大な犯罪」とは、長期四年以上の自由を剥奪する刑又はこれより重い刑を科することができる犯罪を構成する行為をいう。
(c) 「組織された集団」とは、犯罪の即時の実行のために偶然に形成されたものではない集団をいい、その構成員について正式に定められた役割、その構成員の継続性又は発達した構造を有しなくてもよい。

――略――

第三条　適用範囲

1　この条約は、別段の定めがある場合を除くほか、次の犯罪であって、性質上国際的なものであり、かつ、組織的な犯罪集団が関与するものの防止、捜査及び訴追について適用する。
(a) 第五条、第六条、第八条及び第二十三条の規定に従って定められる犯罪
(b) 前条に定義する重大な犯罪

2　1の規定の適用上、次の場合には、犯罪は、性質上国際的である。

――略――

第五条　組織的な犯罪集団への参加の犯罪化

1　締約国は、故意に行われた次の行為を犯罪とするため、必要な立法その他の措置をとる。
(a) 次の一方又は双方の行為(犯罪行為の未遂又は既遂に係る犯罪とは別個の犯罪とする。)
 (i) 金銭的利益その他の物質的利益を得ることに直接又は間接に関連する目的のため重大な犯罪を行うことを一又は二以上の者と合意することであって、国内法上求められるときは、その合意の参加者の一人による当該合意の内容を推進するための行為を伴い又は組織的な犯罪集団が関与するもの
 (ii) 組織的な犯罪集団の目的及び一般的な犯罪活動又は特定の犯罪を行う意図を認識しながら、次の活動に積極的に参加する個人の行為
　a　組織的な犯罪集団の犯罪活動
　b　組織的な犯罪集団のその他の活動(当該個人が、自己の参加が当該犯罪集団の目的の達成に寄与することを知っているときに限る。)
(b) 組織的な犯罪集団が関与する重大な犯罪の実行を組織し、指示し、ほう助し、教唆し若しくは援助し又はこれについて相談すること。

2　――以下略――

第六条　犯罪収益の洗浄の犯罪化(略)

第七条　資金洗浄と戦うための措置(略)

第八条　腐敗行為の犯罪化

1 締約国は、故意に行われた次の行為を犯罪とするため、必要な立法その他の措置をとる。
(a) 公務員に対し、当該公務員が公務の遂行に当たって行動し又は行動を差し控えることを目的として、当該公務員自身、他の者又は団体のために不当な利益を直接又は間接に約束し、申し出又は供与すること。
(b) 公務員が、自己の公務の遂行に当たって行動し又は行動を差し控えることを目的として、当該公務員自身、他の者又は団体のために不当な利益を直接又は間接に要求し又は受領すること。
2 ——以下略——
　　第九条　腐敗行為に対する措置（略）

　　第十六条　犯罪人引渡し
　　　　——略——
7 犯罪人引渡しは、請求を受けた締約国の国内法に定める条件又は適用可能な犯罪人引渡条約に定める条件に従う。これらの条件には、特に、犯罪人引渡しのために最低限度必要とされる刑に関する条件及び請求を受けた締約国が犯罪人引渡しを拒否することができる理由を含む。

出典：外務省ホームページ「国際的な組織犯罪の防止に関する国際連合条約（略称　国際組織犯罪防止条約）和文テキスト（訳文）」〔http://www.mofa.go.jp/mofaj/gaiko/treaty/pdfs/treaty156_7a.pdf〕

〔2〕　組織的な犯罪の処罰及び犯罪収益の規制等に関する法律

（平成十一年八月十八日法律第百三十六号）
最終改正年月日：平成二九年六月二一日法律第六七号

第一章　総則（第一条・第二条）
第二章　組織的な犯罪の処罰及び犯罪収益の没収等（第三条―第十七条）
第三章　没収に関する手続等の特例（第十八条―第二十一条）
第四章　保全手続
　第一節　没収保全（第二十二条―第四十一条）
　第二節　追徴保全（第四十二条―第四十九条）
　第三節　雑則（第五十条―第五十三条）
第五章　削除
第六章　没収及び追徴の裁判の執行及び保全についての国際共助手続等（第五十九条―第七十四条）
第七章　雑則（第七十五条・第七十六条）
附　則

　　　第一章　総則
（目的）
第一条　この法律は、組織的な犯罪が平穏かつ健全な社会生活を著しく害し、及び犯罪による収益がこの種の犯罪を助長するとともに、これを用いた事業活動への干渉が健全な経済活動に重大な悪影響を与えることに鑑み、並びに国際的な組織犯罪の防止に関する国際連合条約を実施するため、組織的に行われた殺人等の行為に対する処罰を強化し、犯罪による収益の隠匿及び収受並びにこれを用いた法人等の事業経営の支配を目的とする行為を処罰するとともに、犯罪による収益に係る没収及び追徴の特例等について定めることを目的とする。
（定義）
第二条　この法律において「団体」とは、共同の目的を有する多数人の継続的結合体であって、その目的又は意思を実現する行為の全部又は一部が組織（指揮命令に基づき、あらかじめ定められた任務の分担に従って構成員が一体として行動する人の結合体をいう。以下同じ。）により反復して行われるものをいう。
2　この法律において「犯罪収益」とは、次に掲げる財産をいう。
一　財産上の不正な利益を得る目的で犯した次に掲げる罪の犯罪行為（日本国外でした行為であって、当該行為が日本国内において行われたとしたならばこれらの罪に当たり、かつ、当該行為地の法令により罪に当たるものを含む。）により生じ、若しくは当該犯罪行為により得た財産又は当該犯罪行為の報酬として得た財産
　イ　死刑又は無期若しくは長期四年以上の懲役若しくは禁錮の刑が定められている罪（ロに掲げる罪及び国際的な協力の下に規制薬物に係る不正行為を助長する行為等の防止を図るための麻薬及び向精神薬取締法等の特例等に関する法律（平成三年法律第九十四号。以下「麻薬特例法」という。第二条第二項各号に掲げる罪を除く。）
　ロ　別表第一（第三号を除く。）又は別表第二に掲げる罪
二　次に掲げる罪の犯罪行為（日本国外でした行為であって、当該行為が日本国内において行われたとしたならばイ、ロ又はニに掲げる罪に当たり、かつ、当該行為地の法令により罪に当たるものを含む。）により提供された資金
　イ　覚せい剤取締法（昭和二十六年法律第二百五十二号）第四十一条の十（覚醒

剤原料の輸入等に係る資金等の提供等）の罪
　ロ　売春防止法（昭和三十一年法律第百十八号）第十三条（資金等の提供）の罪
　ハ　銃砲刀剣類所持等取締法（昭和三十三年法律第六号）第三十一条の十三（資金等の提供）の罪
　ニ　サリン等による人身被害の防止に関する法律（平成七年法律第七十八号）第七条（資金等の提供）の罪
三　次に掲げる罪の犯罪行為（日本国外でした行為であって、当該行為が日本国内において行われたとしたならばこれらの罪に当たり、かつ、当該行為地の法令により罪に当たるものを含む。）により供与された財産
　イ　第七条の二（証人等買収）の罪
　ロ　不正競争防止法（平成五年法律第四十七号）第十八条第一項の違反行為に係る同法第二十一条第二項第七号（外国公務員等に対する不正の利益の供与等）の罪
四　公衆等脅迫目的の犯罪行為のための資金等の提供等の処罰に関する法律（平成十四年法律第六十七号）第三条第一項若しくは第二項前段、第四条第一項若しくは第五条第一項（資金等の提供）の罪又はこれらの罪の未遂罪の犯罪行為（日本国外でした行為であって、当該行為が日本国内において行われたとしたならばこれらの罪に当たり、かつ、当該行為地の法令により罪に当たるものを含む。）により提供され、又は提供しようとした財産
五　第六条の二第一項又は第二項（テロリズム集団その他の組織的犯罪集団による実行準備行為を伴う重大犯罪遂行の計画）の罪の犯罪行為である計画（日本国外でした行為であって、当該行為が日本国内において行われたとしたならば当該罪に当たり、かつ、当該行為地の法令により罪に当たるものを含む。）をした者が、計画をした犯罪の実行のための資金として使用する目的で取得した財産

3　この法律において「犯罪収益に由来する財産」とは、犯罪収益の果実として得た財産、犯罪収益の対価として得た財産、これらの財産の対価として得た財産その他犯罪収益の保有又は処分に基づき得た財産をいう。

4　この法律において「犯罪収益等」とは、犯罪収益、犯罪収益に由来する財産又はこれらの財産とこれらの財産以外の財産とが混和した財産をいう。

5　この法律において「薬物犯罪収益」とは、麻薬特例法第二条第三項に規定する薬物犯罪収益をいう。

6　この法律において「薬物犯罪収益に由来する財産」とは、麻薬特例法第二条第四項に規定する薬物犯罪収益に由来する財産をいう。

7　この法律において「薬物犯罪収益等」とは、麻薬特例法第二条第五項に規定する薬物犯罪収益等をいう。

　　　第二章　組織的な犯罪の処罰及び犯罪収益の没収等

（組織的な殺人等）
第三条　次の各号に掲げる罪に当たる行為が、団体の活動（団体の意思決定に基づく行為であって、その効果又はこれによる利益が当該団体に帰属するものをいう。以下同じ。）として、当該罪に当たる行為を実行するための組織により行われたときは、その罪を犯した者は、当該各号に定める刑に処する。
一　刑法（明治四十年法律第四十五号）第九十六条（封印等破棄）の罪　五年以下の懲役若しくは五百万円以下の罰金又はこれらの併科
二　刑法第九十六条の二（強制執行妨害目的財産損壊等）の罪　五年以下の懲役若しくは五百万円以下の罰金又はこれらの併科

三　刑法第九十六条の三（強制執行行為妨害等）の罪　五年以下の懲役若しくは五百万円以下の罰金又はこれらの併科

四　刑法第九十六条の四（強制執行関係売却妨害）の罪　五年以下の懲役若しくは五百万円以下の罰金又はこれらの併科

五　刑法第百八十六条第一項（常習賭博）の罪　五年以下の懲役

六　刑法第百八十六条第二項（賭博場開張等図利）の罪　三月以上七年以下の懲役

七　刑法第百九十九条（殺人）の罪　死刑又は無期若しくは六年以上の懲役

八　刑法第二百二十条（逮捕及び監禁）の罪　三月以上十年以下の懲役

九　刑法第二百二十三条第一項又は第二項（強要）の罪　五年以下の懲役

十　刑法第二百二十五条の二（身の代金目的略取等）の罪　無期又は五年以上の懲役

十一　刑法第二百三十三条（信用毀損及び業務妨害）の罪　五年以下の懲役又は五十万円以下の罰金

十二　刑法第二百三十四条（威力業務妨害）の罪　五年以下の懲役又は五十万円以下の罰金

十三　刑法第二百四十六条（詐欺）の罪　一年以上の有期懲役

十四　刑法第二百四十九条（恐喝）の罪　一年以上の有期懲役

十五　刑法第二百六十条前段（建造物等損壊）の罪　七年以下の懲役

2　団体に不正権益（団体の威力に基づく一定の地域又は分野における支配力であって、当該団体の構成員による犯罪その他の不正な行為により当該団体又はその構成員が継続的に利益を得ることを容易にすべきものをいう。以下この項及び第六条の二第二項において同じ。）を得させ、又は団体の不正権益を維持し、若しくは拡大する目的で、前項各号（第五号、第六号及び第十三号を除く。）に掲げる罪を犯した者も、同項と同様とする。

（未遂罪）
第四条　前条第一項第七号、第九号、第十号（刑法第二百二十五条の二第一項に係る部分に限る。）、第十三号及び第十四号に掲げる罪に係る前条の罪の未遂は、罰する。

（組織的な身の代金目的略取等における解放による刑の減軽）
第五条　第三条第一項第十号に掲げる罪に係る同条の罪を犯した者が、公訴が提起される前に、略取され又は誘拐された者を安全な場所に解放したときは、その刑を減軽する。

（組織的な殺人等の予備）
第六条　次の各号に掲げる罪で、これに当たる行為が、団体の活動として、当該行為を実行するための組織により行われるものを犯す目的で、その予備をした者は、当該各号に定める刑に処する。ただし、実行に着手する前に自首した者は、その刑を減軽し、又は免除する。

一　刑法第百九十九条（殺人）の罪　五年以下の懲役

二　刑法第二百二十五条（営利目的等略取及び誘拐）の罪（営利の目的によるものに限る。）　二年以下の懲役

2　第三条第二項に規定する目的で、前項各号に掲げる罪の予備をした者も、同項と同様とする。

第六条の二　次の各号に掲げる罪に当たる行為で、テロリズム集団その他の組織的犯罪集団（団体のうち、その結合関係の基礎としての共同の目的が別表第三に掲げる罪を実行することにあるものをいう。次項において同じ。）の団体の活動として、当該行為を実行するための組織により行われるものの遂行を二人以上で計画した者は、その計画をした者のいずれかによりその計画に基づき資金又は物品の手配、関係場所の下見その他の計画をした犯罪を実行するための準備行為が行われたときは、当該各号に定める刑に処する。ただし、実行に着手す

る前に自首した者は、その刑を減軽し、又は免除する。
　一　別表第四に掲げる罪のうち、死刑又は無期若しくは長期十年を超える懲役若しくは禁錮の刑が定められているもの　五年以下の懲役又は禁錮
　二　別表第四に掲げる罪のうち、長期四年以上十年以下の懲役又は禁錮の刑が定められているもの　二年以下の懲役又は禁錮
2　前項各号に掲げる罪に当たる行為で、テロリズム集団その他の組織的犯罪集団に不正権益を得させ、又はテロリズム集団その他の組織的犯罪集団の不正権益を維持し、若しくは拡大する目的で行われるものの遂行を二人以上で計画した者も、その計画をした者のいずれかによりその計画に基づき資金又は物品の手配、関係場所の下見その他の計画をした犯罪を実行するための準備行為が行われたときは、同項と同様とする。
3　別表第四に掲げる罪のうち告訴がなければ公訴を提起することができないものに係る前二項の罪は、告訴がなければ公訴を提起することができない。
4　第一項及び第二項の罪に係る事件についての刑事訴訟法（昭和二十三年法律第百三十一号）第百九十八条第一項の規定による取調べその他の捜査を行うに当たっては、その適正の確保に十分に配慮しなければならない。
（組織的な犯罪に係る犯人蔵匿等）
第七条　禁錮以上の刑が定められている罪に当たる行為が、団体の活動として、当該行為を実行するための組織により行われた場合において、次の各号に掲げる者は、当該各号に定める刑に処する。
　一　その罪を犯した者を蔵匿し、又は隠避させた者　五年以下の懲役又は五十万円以下の罰金
　二　その罪に係る他人の刑事事件に関する証拠を隠滅し、偽造し、若しくは変造し、又は偽造若しくは変造の証拠を使用した者　五年以下の懲役又は五十万円以下の罰金
　三　その罪に係る自己若しくは他人の刑事事件の捜査若しくは審判に必要な知識を有すると認められる者又はその親族に対し、当該事件に関して、正当な理由がないのに面会を強請し、又は強談威迫の行為をした者　五年以下の懲役又は五十万円以下の罰金
　四　その罪に係る被告事件に関し、当該被告事件の審判に係る職務を行う裁判員若しくは補充裁判員若しくはこれらの職にあった者又はその親族に対し、面会、文書の送付、電話をかけることその他のいかなる方法をもってするかを問わず、威迫の行為をした者　三年以下の懲役又は二十万円以下の罰金
　五　その罪に係る被告事件に関し、当該被告事件の審判に係る職務を行う裁判員若しくは補充裁判員の選任のために選定された裁判員候補者若しくは当該裁判員若しくは補充裁判員の職務を行うべき選任予定裁判員又はその親族に対し、面会、文書の送付、電話をかけることその他のいかなる方法をもってするかを問わず、威迫の行為をした者　三年以下の懲役又は二十万円以下の罰金
2　禁錮以上の刑が定められている罪が第三条第二項に規定する目的で犯された場合において、前項各号のいずれかに該当する者も、同項と同様とする。
（証人等買収）
第七条の二　次に掲げる罪に係る自己又は他人の刑事事件に関し、証言をしないこと、若しくは虚偽の証言をすること、又は証拠を隠滅し、偽造し、若しくは変造すること、若しくは偽造若しくは変造の証拠を使用することの報酬として、金銭その他の利益を供与し、又はその申込み若しくは約束をした者は、二年以下の懲役又は三十万円以下の罰金に処する。
　一　死刑又は無期若しくは長期四年以上の

懲役若しくは禁錮の刑が定められている罪（次号に掲げる罪を除く。）
二　別表第一に掲げる罪
2　前項各号に掲げる罪に当たる行為が、団体の活動として、当該行為を実行するための組織により行われた場合、又は同項各号に掲げる罪が第三条第二項に規定する目的で犯された場合において、前項の罪を犯した者は、五年以下の懲役又は五十万円以下の罰金に処する。

（団体に属する犯罪行為組成物件等の没収）
第八条　団体の構成員が罪（これに当たる行為が、当該団体の活動として、当該行為を実行するための組織により行われたもの、又は第三条第二項に規定する目的で行われたものに限る。）を犯した場合、又は当該罪を犯す目的でその予備罪（これに当たる行為が、当該団体の活動として、当該行為を実行するための組織により行われたもの、及び同項に規定する目的で行われたものを除く。）を犯した場合において、当該犯罪行為を組成し、又は当該犯罪行為の用に供し、若しくは供しようとした物が、当該団体に属し、かつ、当該構成員が管理するものであるときは、刑法第十九条第二項本文の規定にかかわらず、その物が当該団体及び犯人以外の者に属しない場合に限り、これを没収することができる。ただし、当該団体において、当該物が当該犯罪行為を組成し、又は当該犯罪行為の用に供され、若しくは供されようとすることの防止に必要な措置を講じていたときは、この限りでない。

（不法収益等による法人等の事業経営の支配を目的とする行為）
第九条　第二条第二項第一号若しくは第三号の犯罪収益若しくは薬物犯罪収益（麻薬特例法第二条第二項各号に掲げる罪の犯罪行為により得た財産又は当該犯罪行為の報酬として得た財産に限る。第十三条第一項第三号及び同条第四項において同じ。）、これらの保有若しくは処分に基づき得た財産又はこれらの財産とこれらの財産以外の財産とが混和した財産（以下「不法収益等」という。）を用いることにより、法人等（法人又は法人でない社団若しくは財団をいう。以下この条において同じ。）の株主等（株主若しくは社員又は発起人その他の法人等の設立者をいう。以下同じ。）の地位を取得し、又は第三者に取得させた者が、当該法人等又はその子法人の事業経営を支配する目的で、その株主等の権限又は当該権限に基づく影響力を行使し、又は当該第三者に行使させて、次の各号のいずれかに該当する行為をしたときは、五年以下の懲役若しくは千万円以下の罰金に処し、又はこれを併科する。
一　当該法人等又はその子法人の役員等（取締役、執行役、理事、管理人その他いかなる名称を有するものであるかを問わず、法人等の経営を行う役職にある者をいう。以下この条において同じ。）を選任し、若しくは選任させ、解任し、若しくは解任させ、又は辞任させること。
二　当該法人等又はその子法人を代表すべき役員等の地位を変更させること（前号に該当するものを除く。）。
2　不法収益等を用いることにより、法人等に対する債権を取得し、又は第三者に取得させた者が、当該法人等又はその子法人の事業経営を支配する目的で、当該債権の取得又は行使に関し、次の各号のいずれかに該当する行為をしたときも、前項と同様とする。不法収益等を用いることにより、法人等に対する債権を取得しようとし、又は第三者に取得させようとする者が、当該法人等又はその子法人の事業経営を支配する目的で、当該債権の取得又は行使に関し、これらの各号のいずれかに該当する行為をした場合において、当該債権を取得し、又は第三者に取得させたときも、同様とする。
一　当該法人等又はその子法人の役員等を選任させ、若しくは解任させ、又は辞任さ

せること。
二　当該法人等又はその子法人を代表すべき役員等の地位を変更させること（前号に該当するものを除く。）。
3　不法収益等を用いることにより、法人等の株主等に対する債権を取得し、又は第三者に取得させた者が、当該法人等又はその子法人の事業経営を支配する目的で、当該債権の取得又は行使に関し、当該株主等にその権限又は当該権限に基づく影響力を行使させて、前項各号のいずれかに該当する行為をしたときも、第一項と同様とする。不法収益等を用いることにより、法人等の株主等に対する債権を取得しようとし、又は第三者に取得させようとする者が、当該法人等又はその子法人の事業経営を支配する目的で、当該債権の取得又は行使に関し、当該株主等にその権限又は当該権限に基づく影響力を行使させて、これらの各号のいずれかに該当する行為をした場合において、当該債権を取得し、又は第三者に取得させたときも、同様とする。
4　この条において「子法人」とは、一の法人等が株主等の議決権（株主総会において決議をすることができる事項の全部につき議決権を行使することができない株式についての議決権を除き、会社法（平成十七年法律第八十六号）第八百七十九条第三項の規定により議決権を有するものとみなされる株式についての議決権を含む。以下この項において同じ。）の総数の百分の五十を超える数の議決権を保有する法人をいい、一の法人等及びその子法人又は一の法人等の子法人が株主等の議決権の総数の百分の五十を超える数の議決権を保有する法人は、当該法人等の子法人とみなす。

（犯罪収益等隠匿）
第十条　犯罪収益等（公衆等脅迫目的の犯罪行為のための資金等の提供等の処罰に関する法律第三条第一項若しくは第二項前段、第四条第一項又は第五条第一項の罪の未遂罪の犯罪行為（日本国外でした行為であって、当該行為が日本国内において行われたとしたならばこれらの罪に当たり、かつ、当該行為地の法令により罪に当たるものを含む。以下この項において同じ。）により提供しようとした財産を除く。以下この項及び次条において同じ。）の取得若しくは処分につき事実を仮装し、又は犯罪収益等を隠匿した者は、五年以下の懲役若しくは三百万円以下の罰金に処し、又はこれを併科する。犯罪収益（同法第三条第一項若しくは第二項前段、第四条第一項又は第五条第一項の罪の未遂罪の犯罪行為により提供しようとした財産を除く。）の発生の原因につき事実を仮装した者も、同様とする。
2　前項の罪の未遂は、罰する。
3　第一項の罪を犯す目的で、その予備をした者は、二年以下の懲役又は五十万円以下の罰金に処する。

（犯罪収益等収受）
第十一条　情を知って、犯罪収益等を収受した者は、三年以下の懲役若しくは百万円以下の罰金に処し、又はこれを併科する。ただし、法令上の義務の履行として提供されたものを収受した者又は契約（債権者において相当の財産上の利益を提供すべきものに限る。）の時に当該契約に係る債務の履行が犯罪収益等によって行われることの情を知らないでした当該契約に係る債務の履行として提供されたものを収受した者は、この限りでない。

（国外犯）
第十二条　第三条第一項第九号、第十一号、第十二号及び第十五号に掲げる罪に係る同条の罪、第六条第一項第一号に掲げる罪に係る同条の罪並びに第六条の二第一項及び第二項の罪は刑法第四条の二の例に、第九条第一項から第三項まで及び前二条の罪は同法第三条の例に従う。

（犯罪収益等の没収等）
第十三条　次に掲げる財産は、不動産若しく

は動産又は金銭債権（金銭の支払を目的とする債権をいう。以下同じ。）であるときは、これを没収することができる。
一 犯罪収益（第六号に掲げる財産に該当するものを除く。）
二 犯罪収益に由来する財産（第六号に掲げる財産に該当する犯罪収益の保有又は処分に基づき得たものを除く。）
三 第九条第一項の罪に係る株主等の地位に係る株式又は持分であって、不法収益等（薬物犯罪収益、その保有若しくは処分に基づき得た財産又はこれらの財産とこれらの財産以外の財産とが混和した財産であるもの（第四項において「薬物不法収益等」という。）を除く。以下この項において同じ。）を用いることにより取得されたもの
四 第九条第二項又は第三項の罪に係る債権であって、不法収益等を用いることにより取得されたもの（当該債権がその取得に用いられた不法収益等である財産の返還を目的とするものであるときは、当該不法収益等）
五 第十条又は第十一条の罪に係る犯罪収益等
六 不法収益等を用いた第九条第一項から第三項までの犯罪行為又は第十条若しくは第十一条の犯罪行為により生じ、若しくはこれらの犯罪行為により得た財産又はこれらの犯罪行為の報酬として得た財産
七 第三号から前号までの財産の果実として得た財産、これらの各号の財産の対価として得た財産、これらの財産の対価として得た財産その他これらの各号の財産の保有又は処分に基づき得た財産
2 前項各号に掲げる財産が犯罪被害財産（次に掲げる罪の犯罪行為によりその被害を受けた者から得た財産又は当該財産の保有若しくは処分に基づき得た財産をいう。以下同じ。）であるときは、これを没収することができない。同項各号に掲げる財産の一部が犯罪被害財産である場合において、当該部分についても、同様とする。
一 財産に対する罪
二 刑法第二百二十五条の二第二項の罪に係る第三条（組織的な拐取者身の代金取得等）の罪
三 刑法第二百二十五条の二第二項（拐取者身の代金取得等）又は第二百二十七条第四項後段（収受者身の代金取得等）の罪
四 出資の受入れ、預り金及び金利等の取締りに関する法律（昭和二十九年法律第百九十五号）第五条第一項後段（高金利の受領）、第二項後段（業として行う高金利の受領）若しくは第三項後段（業として行う著しい高金利の受領）、第五条の二第一項後段（高保証料の受領）若しくは第五条の三第一項後段（保証料がある場合の高金利の受領）、第二項後段（保証があり、かつ、変動利率による利息の定めがある場合の高金利の受領）若しくは第三項後段（根保証がある場合の高金利の受領）の罪、同法第五条第一項後段若しくは第二項後段、第五条の二第一項後段若しくは第五条の三第一項後段、第二項後段若しくは第三項後段の違反行為に係る同法第八条第一項（高金利の受領等の脱法行為）の罪、同法第五条第三項後段の違反行為に係る同法第八条第二項（業として行う著しい高金利の受領の脱法行為）の罪又は同法第一条若しくは第二条第一項の違反行為に係る同法第八条第三項（元本を保証して行う出資金の受入れ等）の罪
五 補助金等に係る予算の執行の適正化に関する法律（昭和三十年法律第百七十九号）第二十九条（不正の手段による補助金等の受交付等）の罪
六 航空機工業振興法（昭和三十三年法律第百五十号）第二十九条（不正の手段による交付金等の受交付等）の罪
七 人質による強要行為等の処罰に関する法律（昭和五十三年法律第四十八号）第一条から第四条まで（人質による強要等、加

重人質強要、人質殺害）の罪
八　金融機関等の更生手続の特例等に関する法律（平成八年法律第九十五号）第五百四十九条（詐欺更生）の罪
九　民事再生法（平成十一年法律第二百二十五号）第二百五十五条（詐欺再生）の罪
十　会社更生法（平成十四年法律第百五十四号）第二百六十六条（詐欺更生）の罪
十一　破産法（平成十六年法律第七十五号）第二百六十五条（詐欺破産）の罪
十二　海賊行為の処罰及び海賊行為への対処に関する法律（平成二十一年法律第五十五号）第二条第四号に係る海賊行為に係る同法第三条第一項（人質強要に係る海賊行為）又は第四条（人質強要に係る海賊行為致死傷）の罪
3　前項の規定にかかわらず、次の各号のいずれかに該当するときは、犯罪被害財産（第一項各号に掲げる財産の一部が犯罪被害財産である場合における当該部分を含む。以下この項において同じ。）を没収することができる。
一　前項各号に掲げる罪の犯罪行為が、団体の活動として、当該犯罪行為を実行するための組織により行われたもの、又は第三条第二項に規定する目的で行われたものであるとき、その他犯罪の性質に照らし、前項各号に掲げる罪の犯罪行為により受けた被害の回復に関し、犯人に対する損害賠償請求権その他の請求権の行使が困難であると認められるとき。
二　当該犯罪被害財産について、その取得若しくは処分若しくは発生の原因につき事実を仮装し、又は当該犯罪被害財産を隠匿する行為が行われたとき。
三　当該犯罪被害財産について、情を知って、これを収受する行為が行われたとき。
4　次に掲げる財産は、これを没収する。ただし、第九条第一項から第三項までの罪が薬物犯罪収益又はその保有若しくは処分に基づき得た財産とこれらの財産以外の財産とが混和した財産に係る場合において、これらの罪につき次に掲げる財産の全部を没収することが相当でないと認められるときは、その一部を没収することができる。
一　第九条第一項の罪に係る株主等の地位に係る株式又は持分であって、薬物不法収益等を用いることにより取得されたもの
二　第九条第二項又は第三項の罪に係る債権であって、薬物不法収益等を用いることにより取得されたもの（当該債権がその取得に用いられた薬物不法収益等である財産の返還を目的とするものであるときは、当該薬物不法収益等）
三　薬物不法収益等を用いた第九条第一項から第三項までの犯罪行為により得た財産又は当該犯罪行為の報酬として得た財産
四　前三号の財産の果実として得た財産、前三号の財産の対価として得た財産、これらの財産の対価として得た財産その他前三号の財産の保有又は処分に基づき得た財産
5　前項の規定により没収すべき財産について、当該財産の性質、その使用の状況、当該財産に関する犯人以外の者の権利の有無その他の事情からこれを没収することが相当でないと認められるときは、同項の規定にかかわらず、これを没収しないことができる。

（犯罪収益等が混和した財産の没収等）
第十四条　前条第一項各号又は第四項各号に掲げる財産（以下「不法財産」という。）が不法財産以外の財産と混和した場合において、当該不法財産を没収すべきときは、当該混和により生じた財産（次条第一項において「混和財産」という。）のうち当該不法財産（当該混和に係る部分に限る。）の額又は数量に相当する部分を没収することができる。

（没収の要件等）
第十五条　第十三条の規定による没収は、不法財産又は混和財産が犯人以外の者に帰属しない場合に限る。ただし、犯人以外の者

が、犯罪の後情を知って当該不法財産又は混和財産を取得した場合（法令上の義務の履行として提供されたものを収受した場合又は契約（債権者において相当の財産上の利益を提供すべきものに限る。）の時に当該契約に係る債務の履行が不法財産若しくは混和財産によって行われることの情を知らないでした当該契約に係る債務の履行として提供されたものを収受した場合を除く。）は、当該不法財産又は混和財産が犯人以外の者に帰属する場合であっても、これを没収することができる。

2　地上権、抵当権その他の権利がその上に存在する財産を第十三条の規定により没収する場合において、犯人以外の者が犯罪の前に当該権利を取得したとき、又は犯人以外の者が犯罪の後情を知らないで当該権利を取得したときは、これを存続させるものとする。

（追徴）

第十六条　第十三条第一項各号に掲げる財産が不動産若しくは動産若しくは金銭債権でないときその他これを没収することができないとき、又は当該財産の性質、その使用の状況、当該財産に関する犯人以外の者の権利の有無その他の事情からこれを没収することが相当でないと認められるときは、その価額を犯人から追徴することができる。ただし、当該財産が犯罪被害財産であるときは、この限りでない。

2　前項ただし書の規定にかかわらず、第十三条第三項各号のいずれかに該当するときは、その犯罪被害財産の価額を犯人から追徴することができる。

3　第十三条第四項の規定により没収すべき財産を没収することができないとき、又は同条第五項の規定によりこれを没収しないときは、その価額を犯人から追徴する。

（両罰規定）

第十七条　法人の代表者又は法人若しくは人の代理人、使用人その他の従業者が、その法人又は人の業務に関して第九条第一項から第三項まで、第十条又は第十一条の罪を犯したときは、行為者を罰するほか、その法人又は人に対しても各本条の罰金刑を科する。

第三章　没収に関する手続等の特例

（第三者の財産の没収手続等）

第十八条　不法財産である債権等（不動産及び動産以外の財産をいう。第十九条第一項及び第二十一条において同じ。）が被告人以外の者（以下この条において「第三者」という。）に帰属する場合において、当該第三者が被告事件の手続への参加を許されていないときは、没収の裁判をすることができない。

2　第十三条の規定により、地上権、抵当権その他の第三者の権利がその上に存在する財産を没収しようとする場合において、当該第三者が被告事件の手続への参加を許されていないときも、前項と同様とする。

3　地上権、抵当権その他の第三者の権利がその上に存在する財産を没収する場合において、第十五条第二項の規定により当該権利を存続させるときは、裁判所は、没収の言渡しと同時に、その旨を宣告しなければならない。

4　第十五条第二項の規定により存続させるべき権利について前項の宣告がない没収の裁判が確定したときは、当該権利を有する者で自己の責めに帰することのできない理由により被告事件の手続において権利を主張することができなかったものは、当該権利について、これを存続させるべき場合に該当する旨の裁判を請求することができる。

5　前項の裁判があったときは、刑事補償法（昭和二十五年法律第一号）に定める処分された没収物に係る補償の例により、補償を行う。

6　第一項及び第二項に規定する財産の没収に関する手続については、この法律に特別

の定めがあるもののほか、刑事事件における第三者所有物の没収手続に関する応急措置法（昭和三十八年法律第百三十八号）の規定を準用する。
（犯罪被害財産の没収手続等）
第十八条の二　裁判所は、第十三条第三項の規定により犯罪被害財産を没収し、又は第十六条第二項の規定により犯罪被害財産の価額を追徴するときは、その言渡しと同時に、没収すべき財産が犯罪被害財産である旨又は追徴すべき価額が犯罪被害財産の価額である旨を示さなければならない。
2　第十三条第三項の規定により没収した犯罪被害財産及び第十六条第二項の規定により追徴した犯罪被害財産の価額に相当する金銭は、犯罪被害財産等による被害回復給付金の支給に関する法律（平成十八年法律第八十七号）に定めるところによる被害回復給付金の支給に充てるものとする。
（没収された債権等の処分等）
第十九条　没収された債権等は、検察官がこれを処分しなければならない。
2　債権の没収の裁判が確定したときは、検察官は、当該債権の債務者に対し没収の裁判の裁判書の抄本を送付してその旨を通知するものとする。
（没収の裁判に基づく登記等）
第二十条　権利の移転について登記又は登録（以下「登記等」という。）を要する財産を没収する裁判に基づき権利の移転の登記等を関係機関に嘱託する場合において、没収により効力を失った処分の制限に係る登記等若しくは没収により消滅した権利の取得に係る登記等があり、又は当該没収に関して次章第一節の規定による没収保全命令若しくは附帯保全命令に係る登記等があるときは、併せてその抹消を嘱託するものとする。
（刑事補償の特例）
第二十一条　債権等の没収の執行に対する刑事補償法による補償の内容については、同法第四条第六項の規定を準用する。

第四章　保全手続
第一節　没収保全
（没収保全命令）
第二十二条　裁判所は、第二条第二項第一号イ若しくはロ若しくは同項第二号ニに掲げる罪又は第十条第三項若しくは第十一条の罪に係る被告事件に関し、この法律その他の法令の規定により没収することができる財産（以下「没収対象財産」という。）に当たると思料するに足りる相当な理由があり、かつ、これを没収するため必要があると認めるときは、検察官の請求により、又は職権で、没収保全命令を発して、当該没収対象財産につき、この節の定めるところにより、その処分を禁止することができる。
2　裁判所は、地上権、抵当権その他の権利がその上に存在する財産について没収保全命令を発した場合又は発しようとする場合において、当該権利が没収により消滅すると思料するに足りる相当な理由がある場合であって当該財産を没収するため必要があると認めるとき、又は当該権利が仮装のものであると思料するに足りる相当な理由があると認めるときは、検察官の請求により、又は職権で、附帯保全命令を別に発して、当該権利の処分を禁止することができる。
3　没収保全命令又は附帯保全命令には、被告人の氏名、罪名、公訴事実の要旨、没収の根拠となるべき法令の条項、処分を禁止すべき財産又は権利の表示、これらの財産又は権利を有する者（名義人が異なる場合は、名義人を含む。）の氏名、発付の年月日その他最高裁判所規則で定める事項を記載し、裁判長又は受命裁判官が、これに記名押印しなければならない。
4　裁判長は、急速を要する場合には、第一項若しくは第二項に規定する処分をし、又は合議体の構成員にこれをさせることができる。

5　没収保全（没収保全命令による処分の禁止をいう。以下同じ。）に関する処分は、第一回公判期日までは、裁判官が行う。この場合において、裁判官は、その処分に関し、裁判所又は裁判長と同一の権限を有する。
6　没収保全がされた不動産又は動産については、刑事訴訟法の規定により押収することを妨げない。

（起訴前の没収保全命令）
第二十三条　裁判官は、前条第一項又は第二項に規定する理由及び必要があると認めるときは、公訴が提起される前であっても、検察官又は司法警察員（警察官たる司法警察員については、国家公安委員会又は都道府県公安委員会が指定する警部以上の者に限る。次項において同じ。）の請求により、同条第一項又は第二項に規定する処分をすることができる。
2　司法警察員は、その請求により没収保全命令又は附帯保全命令が発せられたときは、速やかに、関係書類を検察官に送付しなければならない。
3　第一項の規定による没収保全は、没収保全命令が発せられた日から三十日以内に当該保全がされた事件につき公訴が提起されないときは、その効力を失う。ただし、共犯に対して公訴が提起された場合において、その共犯に関し、当該財産につき前条第一項に規定する理由があるときは、この限りでない。
4　裁判官は、やむを得ない事由があると認めるときは、検察官の請求により、三十日ごとに、前項の期間を更新することができる。この場合において、更新の裁判は、検察官に告知された時にその効力を生ずる。
5　第一項又は前項の規定による請求は、請求する者の所属する官公署の所在地を管轄する地方裁判所の裁判官にしなければならない。
6　第一項又は第四項の規定による請求を受けた裁判官は、没収保全に関し、裁判所又は裁判長と同一の権限を有する。
7　検察官は、第一項の規定による没収保全が、公訴の提起があったためその効力を失うことがなくなるに至ったときは、その旨を没収保全命令を受けた者（被告人を除く。）に通知しなければならない。この場合において、その者の所在が分からないため、又はその他の理由によって、通知をすることができないときは、通知に代えて、その旨を検察庁の掲示場に七日間掲示して公告しなければならない。

（没収保全に関する裁判の執行）
第二十四条　没収保全に関する裁判で執行を要するものは、検察官の指揮によって、これを執行する。
2　没収保全命令の執行は、当該命令により処分を禁止すべき財産を有する者にその謄本が送達される前であっても、することができる。

（没収保全の効力）
第二十五条　没収保全がされた財産（以下「没収保全財産」という。）について当該保全がされた後にされた処分は、没収に関しては、その効力を生じない。ただし、第三十七条第一項の規定により没収の裁判をすることができない場合における同項に規定する手続（第四十条第三項の規定により第三十七条第一項の規定を準用する手続を含む。）及び没収保全財産に対して実行することができる担保権の実行としての競売の手続による処分については、この限りでない。

（代替金の納付）
第二十六条　裁判所は、没収保全財産を有する者の請求により、適当と認めるときは、決定をもって、当該没収保全財産に代わるものとして、その財産の価額に相当する金銭（以下「代替金」という。）の額を定め、その納付を許すことができる。
2　裁判所は、前項の請求について決定をするには、検察官の意見を聴かなければなら

ない。
3 　第一項の決定に対しては、即時抗告をすることができる。
4 　代替金の納付があったときは、没収保全は、代替金についてされたものとみなす。
（不動産の没収保全）
第二十七条　不動産（民事執行法（昭和五十四年法律第四号）第四十三条第一項に規定する不動産及び同条第二項の規定により不動産とみなされるものをいう。以下この条（第七項本文を除く。）、次条、第二十九条第一項及び第三十五条第一項において同じ。）の没収保全は、その処分を禁止する旨の没収保全命令を発して行う。
2 　前項の没収保全命令の謄本及び第二十三条第四項の規定による更新の裁判の裁判書の謄本（以下「更新の裁判の謄本」という。）は、不動産の所有者（民事執行法第四十三条第二項の規定により不動産とみなされる権利についてはその権利者とし、当該不動産又は権利に係る名義人が異なる場合は名義人を含む。）に送達しなければならない。
3 　不動産の没収保全命令の執行は、没収保全の登記をする方法により行う。
4 　前項の登記は、検察事務官が嘱託する。この場合において、嘱託は、検察官が没収保全命令の執行を指揮する書面に基づいて、これを行う。
5 　不動産の没収保全の効力は、没収保全の登記がされた時に生ずる。
6 　不動産の没収保全の効力が生じたときは、検察官は、当該不動産の所在する場所に公示書を掲示する方法その他相当の方法により、その旨を公示する措置を執らなければならない。
7 　不動産の登記請求権を保全するための処分禁止の仮処分の登記の後に没収保全の登記がされた場合において、その仮処分の債権者が保全すべき登記請求権に係る登記をするときは、没収保全の登記に係る処分の制限は、仮処分の登記に係る権利の取得又は消滅と抵触しないものとみなす。ただし、その権利の取得を当該債権者に対抗することができない者を不動産を有する者として当該没収保全の登記がされたときは、この限りでない。
8 　民事執行法第四十六条第二項及び第四十八条第二項の規定は、不動産の没収保全について準用する。この場合において、同法第四十六条第二項中「債務者」とあるのは「没収保全財産を有する者」と、同法第四十八条第二項中「前項」とあるのは「組織的な犯罪の処罰及び犯罪収益の規制等に関する法律第二十七条第四項」と、「執行裁判所」とあるのは「登記の嘱託をした検察事務官の所属する検察庁の検察官」と読み替えるものとする。
（船舶等の没収保全）
第二十八条　登記される船舶、航空法（昭和二十七年法律第二百三十一号）の規定により登録を受けた飛行機若しくは回転翼航空機（第三十五条第一項において単に「航空機」という。）、道路運送車両法（昭和二十六年法律第百八十五号）の規定により登録を受けた自動車（同項において単に「自動車」という。）、建設機械抵当法（昭和二十九年法律第九十七号）の規定により登記を受けた建設機械（同項において単に「建設機械」という。）又は小型船舶の登録等に関する法律（平成十三年法律第百二号）の規定により登録を受けた小型船舶（同項において単に「小型船舶」という。）の没収保全については、不動産の没収保全の例による。
（動産の没収保全）
第二十九条　動産（不動産及び前条に規定する物以外の物をいう。以下この条において同じ。）の没収保全は、その処分を禁止する旨の没収保全命令を発して行う。
2 　前項の没収保全命令の謄本及び更新の裁判の謄本は、動産の所有者（名義人が異なる場合は、名義人を含む。）に送達しなければならない。

3　動産の没収保全の効力は、没収保全命令の謄本が所有者に送達された時に生ずる。
4　刑事訴訟法の規定による押収がされていない動産又は同法第百二十一条第一項の規定により、看守者を置き、若しくは所有者その他の者に保管させている動産について、没収保全の効力が生じたときは、検察官は、公示書をはり付ける方法その他相当の方法により、その旨を公示する措置を執らなければならない。

（債権の没収保全）
第三十条　債権の没収保全は、債権者（名義人が異なる場合は、名義人を含む。以下この条において同じ。）に対し債権の取立てその他の処分を禁止し、及び債務者に対し債権者への弁済を禁止する旨の没収保全命令を発して行う。
2　前項の没収保全命令の謄本及び更新の裁判の謄本は、債権者及び債務者に送達しなければならない。
3　債権の没収保全の効力は、没収保全命令の謄本が債務者に送達された時に生ずる。
4　民事執行法第百五十条、第百五十六条第一項及び第三項並びに第百六十四条第五項の規定は、債権の没収保全について準用する。この場合において、同法第百五十条及び第百五十六条第一項中「差押え」とあり、及び同法第百五十条中「差押命令」とあるのは「没収保全」と、同条中「裁判所書記官は、申立てにより」とあるのは「検察事務官は、検察官が没収保全命令の執行を指揮する書面に基づいて」と、同法第百五十六条第一項及び第三項中「第三債務者」とあるのは「債務者」と、同項中「執行裁判所」とあるのは「没収保全命令を発した裁判所」と、同法第百六十四条第五項中「差し押さえられた債権」とあるのは「没収保全がされた債権」と、「支払又は供託」とあるのは「供託」と、「裁判所書記官は、申立てにより」とあるのは「検察事務官は、検察官が登記等の抹消の嘱託を指揮する書面に基づいて」と、「債権執行の申立てが取り下げられたとき、又は差押命令の取消決定が確定したときも」とあるのは「没収保全が効力を失つたとき、又は代替金が納付されたときも」と読み替えるものとする。

（その他の財産権の没収保全）
第三十一条　第二十七条から前条までに規定する財産以外の財産権（以下この条において「その他の財産権」という。）の没収保全については、この条に特別の定めがあるもののほか、債権の没収保全の例による。
2　その他の財産権で債務者又はこれに準ずる者がないもの（次項に規定するものを除く。）の没収保全の効力は、没収保全命令の謄本が権利者に送達された時に生ずる。
3　第二十七条第三項から第五項まで及び第七項並びに民事執行法第四十八条第二項の規定は、その他の財産権で権利の移転について登記等を要するものについて準用する。この場合において、同項中「前項」とあるのは「組織的な犯罪の処罰及び犯罪収益の規制等に関する法律第三十一条第三項において準用する同法第二十七条第四項」と、「執行裁判所」とあるのは「登記等の嘱託をした検察事務官の所属する検察庁の検察官」と読み替えるものとする。

（没収保全命令の取消し）
第三十二条　没収保全の理由若しくは必要がなくなったとき、又は没収保全の期間が不当に長くなったときは、裁判所は、検察官若しくは没収保全財産を有する者（その者が被告人であるときは、その弁護人を含む。）の請求により、又は職権で、決定をもって、没収保全命令を取り消さなければならない。
2　裁判所は、検察官の請求による場合を除き、前項の決定をするときは、検察官の意見を聴かなければならない。

（没収保全命令の失効）
第三十三条　没収保全命令は、無罪、免訴若しくは公訴棄却（刑事訴訟法第三百三十八

条第四号及び第三百三十九条第一項第一号の規定による場合を除く。）の裁判の告知があったとき、又は有罪の裁判の告知があった場合において没収の言渡しがなかったときは、その効力を失う。

2　刑事訴訟法第三百三十八条第四号又は第三百三十九条第一項第一号の規定による公訴棄却の裁判があった場合における没収保全の効力については、第二十三条第三項及び第四項の規定を準用する。この場合において、同条第三項中「没収保全命令が発せられた日」とあるのは、「公訴棄却の裁判が確定した日」と読み替えるものとする。

（失効等の場合の措置）

第三十四条　没収保全が効力を失ったとき、又は代替金が納付されたときは、検察官は、速やかに、検察事務官に当該没収保全の登記等の抹消の嘱託をさせ、及び公示書の除去その他の必要な措置を執らなければならない。この場合において、没収保全の登記等の抹消の嘱託は、検察官がその嘱託を指揮する書面に基づいて、これを行う。

（没収保全財産に対する強制執行の手続の制限）

第三十五条　没収保全がされた後に、当該保全に係る不動産、船舶（民事執行法第百十二条に規定する船舶をいう。）、航空機、自動車、建設機械若しくは小型船舶に対し強制競売の開始決定がされたとき又は当該保全に係る動産（同法第百二十二条第一項に規定する動産をいう。第四十二条第二項において同じ。）に対し強制執行による差押えがされたときは、強制執行による売却のための手続は、没収保全が効力を失った後又は代替金が納付された後でなければ、することができない。

2　没収保全がされている債権（民事執行法第百四十三条に規定する債権をいう。以下同じ。）に対し強制執行による差押命令又は差押処分が発せられたときは、当該差押えをした債権者は、差押えに係る債権のうち没収保全がされた部分については、没収保全が効力を失った後又は代替金が納付された後でなければ、取立て又は同法第百六十三条第一項の規定による請求をすることができない。

3　第一項の規定は、没収保全がされた後に強制執行による差押命令又は差押処分が発せられた債権で、条件付若しくは期限付であるもの又は反対給付に係ることその他の事由によりその取立てが困難であるものについて準用する。

4　没収保全がされているその他の財産権（民事執行法第百六十七条第一項に規定するその他の財産権をいう。）に対する強制執行については、没収保全がされている債権に対する強制執行の例による。

（第三債務者の供託）

第三十六条　金銭債権の債務者（以下「第三債務者」という。）は、没収保全がされた後に当該保全に係る債権について強制執行による差押命令又は差押処分の送達を受けたときは、その債権の全額に相当する金銭を債務の履行地の供託所に供託することができる。

2　第三債務者は、前項の規定による供託をしたときは、その事情を没収保全命令を発した裁判所に届け出なければならない。

3　第一項の規定による供託がされた場合においては、差押命令を発した執行裁判所又は差押処分をした裁判所書記官は、供託された金銭のうち、没収保全がされた金銭債権の額に相当する部分については没収保全が効力を失ったとき又は代替金が納付されたときに、その余の部分については供託されたときに、配当又は弁済金の交付を実施しなければならない。

4　第一項及び第二項の規定は、強制執行による差押えがされている金銭債権について没収保全がされた場合における第三債務者の供託について準用する。この場合において、同項中「没収保全命令を発した裁判所」

とあるのは、「執行裁判所(差押処分がされている場合にあっては、当該差押処分をした裁判所書記官)」と読み替えるものとする。

5 第一項(前項において準用する場合を含む。)の規定による供託がされた場合における民事執行法第百六十五条(同法第百六十七条の十四において同法第百六十五条(第三号及び第四号を除く。)の規定を準用する場合を含む。以下この項において同じ。)の規定の適用については、同条第一号中「第百五十六条第一項又は第二項」とあるのは、「組織的な犯罪の処罰及び犯罪収益の規制等に関する法律第三十六条第一項(同条第四項において準用する場合を含む。)」とする。

(強制執行に係る財産の没収の制限)
第三十七条 没収保全がされる前に強制競売の開始決定又は強制執行による差押えがされている財産については、没収の裁判をすることができない。ただし、差押債権者の債権が仮装のものであるとき、差押債権者が没収対象財産であることの情を知りながら強制執行の申立てをしたものであるとき、又は差押債権者が犯人であるときは、この限りでない。

2 没収対象財産の上に存在する地上権その他の権利であって附帯保全命令による処分の禁止がされたものについて、当該処分の禁止がされる前に強制競売の開始決定又は強制執行による差押えがされていた場合において、当該財産を没収するときは、その権利を存続させるものとし、没収の言渡しと同時に、その旨の宣告をしなければならない。ただし、差押債権者の債権が仮装のものであるとき、差押債権者が没収により当該権利が消滅することの情を知りながら強制執行の申立てをしたものであるとき、又は差押債権者が犯人であるときは、この限りでない。

3 強制競売の開始決定又は強制執行による差押えがされている財産について没収保全命令が発せられた場合における当該財産については、差押債権者(被告人である差押債権者を除く。)が被告事件の手続への参加を許されていないときは、没収の裁判をすることができない。前項に規定する場合における財産の没収についても、同様とする。

4 第十八条第四項及び第五項の規定は第二項の規定により存続させるべき権利について同項の宣告がない没収の裁判が確定した場合について、同条第六項の規定は前項の没収に関する手続について準用する。

(強制執行の停止)
第三十八条 裁判所は、強制競売の開始決定又は強制執行による差押えがされている財産について没収保全命令を発した場合又は発しようとする場合において、前条第一項ただし書に規定する事由があると思料するに足りる相当な理由があると認めるときは、検察官の請求により、又は職権で、決定をもって、強制執行の停止を命ずることができる。

2 検察官が前項の決定の裁判書の謄本を執行裁判所(差押処分がされている場合にあっては、当該差押処分をした裁判所書記官。以下この項において同じ。)に提出したときは、執行裁判所は、強制執行を停止しなければならない。この場合における民事執行法の規定の適用については、同法第三十九条第一項第七号の文書の提出があったものとみなす。

3 裁判所は、没収保全が効力を失ったとき、代替金が納付されたとき、第一項の理由がなくなったとき、又は強制執行の停止の期間が不当に長くなったときは、検察官若しくは差押債権者の請求により、又は職権で、決定をもって、同項の決定を取り消さなければならない。第三十二条第二項の規定は、この場合に準用する。

(担保権の実行としての競売の手続との調整)
第三十九条 没収保全財産の上に存在する担保権で、当該保全がされた後に生じたもの又は附帯保全命令による処分の禁止がされ

たものの実行（差押えを除く。）は、没収保全若しくは附帯保全命令による処分の禁止が効力を失った後又は代替金が納付された後でなければ、することができない。
2　担保権の実行としての競売の手続が開始された後に当該担保権について附帯保全命令が発せられた場合において、検察官が当該命令の謄本を提出したときは、執行裁判所は、その手続を停止しなければならない。この場合における民事執行法の規定の適用については、同法第百八十三条第一項第七号（同法第百八十九条、第百九十二条又は第百九十三条第二項において準用する場合を含む。）の文書の提出があったものとみなす。

（その他の手続との調整）
第四十条　第三十五条の規定は、没収保全がされている財産に対し滞納処分（国税徴収法（昭和三十四年法律第百四十七号）による滞納処分及びその例による滞納処分をいう。以下同じ。）による差押えがされた場合又は没収保全がされている財産を有する者について破産手続開始の決定、再生手続開始の決定若しくは承認援助手続における外国倒産処理手続の承認援助に関する法律（平成十二年法律第百二十九号）第二十八条第一項の規定による禁止の命令（第三項において「破産手続開始決定等」という。）がされた場合若しくは没収保全がされている財産を有する会社その他の法人について更生手続開始の決定若しくは特別清算開始の命令（同項において「更生手続開始決定等」という。）がされた場合におけるこれらの手続の制限について準用する。
2　第三十六条の規定は没収保全がされている金銭債権に対し滞納処分による差押えがされた場合又は滞納処分による差押えがされている金銭債権について没収保全がされた場合における第三債務者の供託について、同条第一項、第二項及び第四項の規定は没収保全がされている金銭債権に対し仮差押えの執行がされた場合又は仮差押えの執行がされている金銭債権について没収保全がされた場合における第三債務者の供託について準用する。
3　第三十七条の規定は没収保全がされる前に当該保全に係る財産に対し仮差押えの執行がされていた場合又は没収対象財産の上に存在する地上権その他の権利であって附帯保全命令による処分の禁止がされたものについて当該処分の禁止がされる前に仮差押えの執行がされていた場合におけるこれらの財産の没収の制限について、同条第一項本文の規定は没収保全がされる前に当該保全に係る財産に対し滞納処分による差押えがされていた場合又は没収保全がされる前に当該保全に係る財産を有する者について破産手続開始決定等がされていた場合若しくは没収保全がされる前に当該保全に係る財産を有する会社その他の法人について更生手続開始決定等がされていた場合におけるこれらの財産の没収の制限について、同条第二項本文の規定は没収対象財産の上に存在する地上権その他の権利であって附帯保全命令による処分の禁止がされたものについて当該処分の禁止がされる前に滞納処分による差押えがされていた場合又は没収対象財産の上に存在する地上権その他の権利であって附帯保全命令による処分の禁止がされたものを有する者について当該処分の禁止がされる前に破産手続開始決定等がされていた場合若しくは没収対象財産の上に存在する地上権その他の権利であって附帯保全命令による処分の禁止がされたものを有する会社その他の法人について当該処分の禁止がされる前に更生手続開始決定等がされていた場合におけるこれらの財産の没収の制限について準用する。
4　第三十八条の規定は、仮差押えの執行がされている財産について没収保全命令を発した場合又は発しようとする場合における強制執行の停止について準用する。

（附帯保全命令の効力等）
第四十一条　附帯保全命令は、当該命令に係る没収保全が効力を有する間、その効力を有する。ただし、代替金が納付されたときは、この限りでない。
2　附帯保全命令による処分の禁止については、特別の定めがあるもののほか、没収保全に関する規定を準用する。
　　　　第二節　追徴保全
（追徴保全命令）
第四十二条　裁判所は、第二条第二項第一号イ若しくはロ若しくは同項第二号ニに掲げる罪又は第十条第三項若しくは第十一条の罪に係る被告事件に関し、この法律その他の法令の規定により不法財産の価額を追徴すべき場合に当たると思料するに足りる相当な理由がある場合において、追徴の裁判の執行をすることができなくなるおそれがあり、又はその執行をするのに著しい困難を生ずるおそれがあると認めるときは、検察官の請求により、又は職権で、追徴保全命令を発して、被告人に対し、その財産の処分を禁止することができる。
2　追徴保全命令は、追徴の裁判の執行のため保全することを相当と認める金額（第四項において「追徴保全額」という。）を定め、特定の財産について発しなければならない。ただし、動産については、目的物を特定しないで発することができる。
3　追徴保全命令においては、処分を禁止すべき財産について、追徴保全命令の執行の停止を得るため、又は追徴保全命令の執行としてされた処分の取消しを得るために被告人が納付すべき金銭（以下「追徴保全解放金」という。）の額を定めなければならない。
4　追徴保全命令には、被告人の氏名、罪名、公訴事実の要旨、追徴の根拠となるべき法令の条項、追徴保全額、処分を禁止すべき財産の表示、追徴保全解放金の額、発付の年月日その他最高裁判所規則で定める事項を記載し、裁判長又は受命裁判官が、これに記名押印しなければならない。
5　第二十二条第四項及び第五項の規定は、追徴保全（追徴保全命令による処分の禁止をいう。以下同じ。）について準用する。
（起訴前の追徴保全命令）
第四十三条　裁判官は、第十六条第三項の規定により追徴すべき場合に当たると思料するに足りる相当な理由がある場合において、前条第一項に規定する必要があると認めるときは、公訴が提起される前であっても、検察官の請求により、同項に規定する処分をすることができる。
2　第二十三条第三項本文及び第四項から第六項までの規定は、前項の規定による追徴保全について準用する。
（追徴保全命令の執行）
第四十四条　追徴保全命令は、検察官の命令によってこれを執行する。この命令は、民事保全法（平成元年法律第九十一号）の規定による仮差押命令と同一の効力を有する。
2　追徴保全命令の執行は、追徴保全命令の謄本が被告人又は被疑者に送達される前であっても、これをすることができる。
3　追徴保全命令の執行は、この法律に特別の定めがあるもののほか、民事保全法その他仮差押えの執行の手続に関する法令の規定に従ってする。この場合において、これらの法令の規定において仮差押命令を発した裁判所が保全執行裁判所として管轄することとされる仮差押えの執行については、第一項の規定による命令を発した検察官の所属する検察庁の対応する裁判所が管轄する。
（金銭債権の債務者の供託）
第四十五条　追徴保全命令に基づく仮差押えの執行がされた金銭債権の債務者が、当該債権の額に相当する額の金銭を供託したときは、債権者の供託金の還付請求権につき、当該仮差押えの執行がされたものとみなす。
2　前項の規定は、追徴保全解放金の額を超える部分に係る供託金については、これを

適用しない。
(追徴保全解放金の納付と追徴等の裁判の執行)
第四十六条　追徴保全解放金が納付された後に、追徴の裁判が確定したとき、又は仮納付の裁判の言渡しがあったときは、納付された金額の限度において追徴又は仮納付の裁判の執行があったものとみなす。
2　追徴の言渡しがあった場合において、納付された追徴保全解放金が追徴の金額を超えるときは、その超過額は、被告人に還付しなければならない。
(追徴保全命令の取消し)
第四十七条　裁判所は、追徴保全の理由若しくは必要がなくなったとき、又は追徴保全の期間が不当に長くなったときは、検察官、被告人若しくはその弁護人の請求により、又は職権で、決定をもって、追徴保全命令を取り消さなければならない。第三十二条第二項の規定は、この場合に準用する。
(追徴保全命令の失効)
第四十八条　追徴保全命令は、無罪、免訴若しくは公訴棄却(刑事訴訟法第三百三十八条第四号及び第三百三十九条第一項第一号の規定による場合を除く。)の裁判の告知があったとき、又は有罪の裁判の告知があった場合において追徴の言渡しがなかったときは、その効力を失う。
2　刑事訴訟法第三百三十八条第四号又は第三百三十九条第一項第一号の規定による公訴棄却の裁判があった場合における追徴保全命令の効力については、第三十三条第二項の規定を準用する。
(失効等の場合の措置)
第四十九条　追徴保全命令が効力を失ったとき、又は追徴保全解放金が納付されたときは、検察官は、速やかに、第四十四条第一項の規定によりした命令を取り消し、かつ、追徴保全命令に基づく仮差押えの執行の停止又は既にした仮差押えの執行の取消しのため、必要な措置を執らなければならない。

ない。
　　　　第三節　雑則
(送達)
第五十条　没収保全又は追徴保全(追徴保全命令に基づく仮差押えの執行を除く。以下この節において同じ。)に関する書類の送達については、最高裁判所規則に特別の定めがある場合を除き、民事訴訟に関する法令の規定を準用する。この場合において、民事訴訟法(平成八年法律第百九号)第百十条第三項に規定する公示送達以外の公示送達については、その経過により送達の効力が生ずる期間は、同法第百十二条第一項本文及び第二項の規定にかかわらず、七日間とする。
(上訴提起期間中の処分等)
第五十一条　上訴の提起期間内の事件でまだ上訴の提起がないもの又は上訴中の事件で訴訟記録が上訴裁判所に到達していないものについて、没収保全又は追徴保全に関する処分をすべき場合には、原裁判所がこれをしなければならない。
(不服申立て)
第五十二条　没収保全又は追徴保全に関して裁判所のした決定に対しては、抗告をすることができる。ただし、没収又は追徴すべき場合に該当すると思料するに足りる相当な理由がないこと(第二十二条第二項の規定による決定に関しては同項に規定する理由がないことを、第三十八条第一項(第四十一条第二項において準用する場合を含む。)の規定による決定に関しては第三十八条第一項に規定する理由がないことを含む。)を理由としてすることはできない。
2　没収保全又は追徴保全に関して裁判官のした裁判に不服がある者は、その裁判官の所属する裁判所(簡易裁判所の裁判官がした裁判に対しては、当該簡易裁判所の所在地を管轄する地方裁判所)にその裁判の取消し又は変更を請求することができる。前項ただし書の規定は、この場合に準用する。

3　前項の規定による不服申立てに関する手続については、刑事訴訟法第四百二十九条第一項に規定する裁判官の裁判の取消し又は変更の請求に係る手続の例による。

（準用）
第五十三条　没収保全及び追徴保全に関する手続については、この法律に特別の定めがあるもののほか、刑事訴訟法の規定を準用する。

　　　　第五章　削除

第五十四条　削除
第五十五条　削除
第五十六条　削除
第五十七条　削除
第五十八条　削除

　　　　第六章　没収及び追徴の裁判の執行及び保全についての国際共助手続等

（共助の実施）
第五十九条　外国の刑事事件（麻薬特例法第十六条第二項に規定する薬物犯罪等に当たる行為に係るものを除く。）に関して、当該外国から、没収若しくは追徴の確定裁判の執行又は没収若しくは追徴のための財産の保全の共助の要請があったときは、次の各号のいずれかに該当する場合を除き、当該要請に係る共助をすることができる。
一　共助犯罪（共助の要請において犯されたとされている犯罪をいう。以下この項において同じ。）に係る行為が日本国内において行われたとした場合において、当該行為が第二条第二項第一号イ若しくはロ若しくは同項第二号ニに掲げる罪又は第十条第三項若しくは第十一条の罪に当たるものでないとき。
二　共助犯罪に係る行為が日本国内において行われたとした場合において、日本国の法令によればこれについて刑罰を科することができないと認められるとき。
三　共助犯罪に係る事件が日本国の裁判所に係属するとき、又はその事件について日本国の裁判所において確定判決を経たとき。
四　没収の確定裁判の執行の共助又は没収のための保全の共助については、共助犯罪に係る行為が日本国内において行われたとした場合において、要請に係る財産が日本国の法令によれば共助犯罪について没収の裁判をし、又は没収保全をすることができる財産に当たるものでないとき。
五　追徴の確定裁判の執行の共助又は追徴のための保全の共助については、共助犯罪に係る行為が日本国内において行われたとした場合において、日本国の法令によれば共助犯罪について追徴の裁判をし、又は追徴保全をすることができる場合に当たるものでないとき。
六　没収の確定裁判の執行の共助については要請に係る財産を有し又はその財産の上に地上権、抵当権その他の権利を有すると思料するに足りる相当な理由のある者が、追徴の確定裁判の執行の共助については当該裁判を受けた者が、自己の責めに帰することのできない理由により、当該裁判に係る手続において自己の権利を主張することができなかったと認められるとき。
七　没収又は追徴のための保全の共助については、要請国の裁判所若しくは裁判官のした没収若しくは追徴のための保全の裁判に基づく要請である場合又は没収若しくは追徴の裁判の確定後の要請である場合を除き、共助犯罪に係る行為が行われたと疑うに足りる相当な理由がないとき、又は当該行為が日本国内で行われたとした場合において第二十二条第一項若しくは第四十二条第一項に規定する理由がないと認められるとき。

2　麻薬特例法第十六条第二項に規定する薬物犯罪等に当たる行為に係る外国の刑事事件に関して、当該外国から、条約に基づかないで、前項の共助の要請があったときは、麻薬特例法第二十一条各号のいずれか

に該当する場合を除き、その要請に係る共助をすることができる。
3 　地上権、抵当権その他の権利がその上に存在する財産に係る没収の確定裁判の執行の共助をするに際し、日本国の法令により当該財産を没収するとすれば当該権利を存続させるべき場合に当たるときは、これを存続させるものとする。

（追徴とみなす没収）
第六十条　不法財産又は麻薬特例法第十一条第一項各号若しくは第三項各号に掲げる財産（以下この条において「不法財産等」という。）に代えて、その価額が不法財産等の価額に相当する財産であって当該裁判を受けた者が有するものを没収する確定裁判の執行に係る共助の要請にあっては、当該確定裁判は、この法律による共助の実施については、その者から当該財産の価額を追徴する確定裁判とみなす。不動産若しくは動産又は金銭債権以外の第十三条第一項各号に掲げる財産であって当該裁判を受けた者が有するものを没収する確定裁判の執行に係る共助の要請についても、同様とする。
2 　前項の規定は、不法財産等に代えてその価額が不法財産等の価額に相当する財産を没収するための保全及び不動産若しくは動産又は金銭債権以外の第十三条第一項各号に掲げる財産を没収するための保全に係る共助の要請について準用する。

（要請の受理）
第六十一条　共助の要請の受理は、外務大臣が行う。ただし、条約に基づき法務大臣が共助の要請の受理を行うこととされているとき、又は緊急その他特別の事情がある場合において外務大臣が同意したときは、法務大臣が行うものとする。
2 　前項ただし書の規定により法務大臣が共助の要請の受理を行う場合においては、法務大臣は、外務大臣に対し、共助に関する事務の実施に関し、必要な協力を求めることができる。

（裁判所の審査）
第六十二条　共助の要請が没収又は追徴の確定裁判の執行に係るものであるときは、検察官は、裁判所に対し、共助をすることができる場合に該当するかどうかについて審査の請求をしなければならない。
2 　裁判所は、審査の結果、審査の請求が不適法であるときは、これを却下する決定をし、共助の要請に係る確定裁判の全部若しくは一部について共助をすることができる場合に該当するとき、又はその全部について共助をすることができない場合に該当するときは、それぞれその旨の決定をしなければならない。
3 　裁判所は、没収の確定裁判の執行の共助の要請につき共助をすることができる場合に該当する旨の決定をする場合において、第五十九条第三項の規定により存続させなければならない権利があるときは、当該権利を存続させる旨の決定を同時にしなければならない。
4 　裁判所は、追徴の確定裁判の執行の共助の要請につき、共助をすることができる場合に該当する旨の決定をするときは、追徴すべき日本円の金額を同時に示さなければならない。
5 　第一項の規定による審査においては、共助の要請に係る確定裁判の当否を審査することができない。
6 　第一項の規定による審査に関しては、次に掲げる者（以下「利害関係人」という。）が当該審査請求事件の手続への参加を許されていないときは、共助をすることができる場合に該当する旨の決定をすることができない。
一　没収の確定裁判の執行の共助については、要請に係る財産を有し、若しくはその財産の上に地上権、抵当権その他の権利を有すると思料するに足りる相当な理由のある者又はこれらの財産若しくは権利について没収保全がされる前に強制競売の開始決

定、強制執行による差押え若しくは仮差押えの執行がされている場合における差押債権者若しくは仮差押債権者
二　追徴の確定裁判の執行の共助については、当該裁判を受けた者
7　裁判所は、審査の請求について決定をするときは、検察官及び審査請求事件の手続への参加を許された者（以下「参加人」という。）の意見を聴かなければならない。
8　裁判所は、参加人が口頭で意見を述べたい旨を申し出たとき、又は裁判所において証人若しくは鑑定人を尋問するときは、公開の法廷において審問期日を開き、参加人に当該期日に出頭する機会を与えなければならない。この場合において、参加人が出頭することができないときは、審問期日に代理人を出頭させ、又は書面により意見を述べる機会を与えたことをもって、参加人に出頭する機会を与えたものとみなす。
9　検察官は、前項の審問期日の手続に立ち会うことができる。

（抗告）
第六十三条　検察官及び参加人は、審査の請求に係る決定に対し、抗告をすることができる。
2　抗告裁判所の決定に対しては、刑事訴訟法第四百五条各号に定める事由があるときは、最高裁判所に特に抗告をすることができる。
3　前二項の抗告の提起期間は、十四日とする。

（決定の効力）
第六十四条　没収又は追徴の確定裁判の執行の共助の要請につき共助をすることができる場合に該当する旨の決定が確定したときは、当該没収又は追徴の確定裁判は、共助の実施に関しては、日本国の裁判所が言い渡した没収又は追徴の確定裁判とみなす。

（要請国への執行財産等の譲与等）
第六十四条の二　没収又は追徴の確定裁判の執行の共助の要請をした外国（第三項において「執行共助の要請国」という。）から、当該共助の実施に係る財産又はその価額に相当する金銭（以下この条において「執行財産等」という。）の譲与の要請があったときは、その全部又は一部を譲与することができる。
2　法務大臣は、執行財産等の全部又は一部を譲与することが相当であると認めるときは、没収又は追徴の確定裁判の執行の共助に必要な措置を命じた地方検察庁の検事正に対し、当該執行財産等の譲与のための保管を命ずるものとする。
3　法務大臣は、執行財産等について、次の各号のいずれかに該当する場合には、前項に規定する検事正に対し、当該執行財産等の全部又は一部を仮に保管することを命ずることができる。
一　執行共助の要請国から執行財産等の譲与の要請があった場合において、これに応ずるか否かの判断をするために必要があると認めるとき。
二　執行共助の要請国から執行財産等の譲与の要請がされると思料する場合において、必要があると認めるとき。

（決定の取消し）
第六十五条　没収又は追徴の確定裁判の執行の共助の要請につき共助をすることができる場合に該当する旨の決定が確定した場合において、当該要請に係る確定裁判が取り消されたときその他その効力がなくなったときは、裁判所は、検察官又は利害関係人の請求により、決定をもって、共助をすることができる場合に該当する旨の決定を取り消さなければならない。
2　前項の取消しの決定が確定したときは、刑事補償法に定める没収又は追徴の執行による補償の例により、補償を行う。
3　第六十三条の規定は、第一項の請求に係る決定について準用する。

（没収保全の請求）
第六十六条　共助の要請が没収のための保全に係るものであるときは、検察官は、裁判

官に、没収保全命令を発して要請に係る財産につきその処分を禁止することを請求しなければならない。この場合において、検察官は、必要と認めるときは、附帯保全命令を発して当該財産の上に存在する地上権、抵当権その他の権利の処分を禁止することを請求することができる。
2　第六十二条第一項の審査の請求があった後は、没収保全に関する処分は、審査の請求を受けた裁判所が行う。

（追徴保全の請求）
第六十七条　共助の要請が追徴のための保全に係るものであるときは、検察官は、裁判官に、追徴保全命令を発して、追徴の裁判を受けるべき者に対しその財産の処分を禁止することを請求しなければならない。
2　前条第二項の規定は、追徴保全に関する処分について準用する。

（公訴提起前の保全の期間）
第六十八条　没収又は追徴のための保全の共助の要請が公訴の提起されていない事件に関してされた場合において、没収保全命令又は追徴保全命令が発せられた日から四十五日以内に要請国から当該事件につき公訴が提起された旨の通知がないときは、当該没収保全又は追徴保全命令は、その効力を失う。
2　要請国から、前項の期間内に公訴を提起できないことについてやむを得ない事由がある旨理由を付して通知があったときは、裁判官は、検察官の請求により、三十日間を限り、保全の期間を更新することができる。更新された期間内に公訴を提起できないことについてやむを得ない事由がある旨理由を付して通知があったときも、同様とする。

（手続の取消し）
第六十九条　共助の要請を撤回する旨の通知があったときは、検察官は、速やかに、審査、没収保全若しくは追徴保全の請求を取り消し、又は没収保全命令若しくは追徴保全命令の取消しを請求しなければならない。
2　前項の請求があったときは、裁判所又は裁判官は、速やかに、没収保全命令又は追徴保全命令を取り消さなければならない。

（事実の取調べ）
第七十条　裁判所又は裁判官は、この章の規定による審査をし、又は没収保全若しくは追徴保全に関する処分をするため必要があるときは、事実の取調べをすることができる。この場合においては、証人を尋問し、検証を行い、又は鑑定、通訳若しくは翻訳を命ずることができる。

（検察官の処分）
第七十一条　検察官は、この章の規定による没収保全若しくは追徴保全の請求又は没収保全命令若しくは追徴保全命令の執行に関して必要があると認めるときは、次に掲げる処分をすることができる。
一　関係人の出頭を求めてこれを取り調べること。
二　鑑定を嘱託すること。
三　実況見分をすること。
四　書類その他の物の所有者、所持者又は保管者にその物の提出を求めること。
五　公務所又は公私の団体に照会して必要な事項の報告を求めること。
六　電気通信を行うための設備を他人の通信の用に供する事業を営む者又は自己の業務のために不特定若しくは多数の者の通信を媒介することのできる電気通信を行うための設備を設置している者に対し、その業務上記録している電気通信の送信元、送信先、通信日時その他の通信履歴の電磁的記録のうち必要なものを特定し、三十日を超えない期間（延長する場合には、通じて六十日を超えない期間）を定めて、これを消去しないよう、書面で求めること。
七　裁判官の発する令状により、差押え、記録命令付差押え、捜索又は検証をすること。
2　検察官は、検察事務官に前項の処分をさせることができる。

（管轄裁判所）
第七十二条　この章の規定による審査、没収保全若しくは追徴保全又は令状の発付の請求は、請求する検察官の所属する検察庁の所在地を管轄する地方裁判所又はその裁判官にしなければならない。
（準用）
第七十三条　この章に特別の定めがあるもののほか、裁判所若しくは裁判官のする審査、処分若しくは令状の発付、検察官若しくは検察事務官のする処分又は裁判所の審査への利害関係人の参加については第三章及び第四章、刑事訴訟法（第一編第二章及び第五章から第十三章まで、第二編第一章、第三編第一章及び第四章並びに第七編に限る。）、刑事訴訟費用に関する法令並びに刑事事件における第三者所有物の没収手続に関する応急措置法の規定を、共助の要請を受理した場合における措置については国際捜査共助等に関する法律（昭和五十五年法律第六十九号）第四条、第五条第一項（第一号に係る部分に限る。）及び第三項並びに第七条第一項並びに逃亡犯罪人引渡法（昭和二十八年法律第六十八号）第八条第二項並びに第十一条第一項及び第二項の規定を、それぞれその性質に反しない限り、準用する。

2　第六十四条の二第一項に規定する譲与の要請の受理及び当該要請を受理した場合における措置については、国際捜査共助等に関する法律第三条、第四条、第十四条第一項前段、第五項及び第六項並びに第十六条第一項の規定を準用する。この場合において、同法第三条の見出し中「証拠の送付」とあるのは「執行財産等の引渡し」と、同条第一項中「証拠の送付」とあるのは「執行財産等（組織的な犯罪の処罰及び犯罪収益の規制等に関する法律（平成十一年法律第百三十六号）第六十四条の二第一項に規定する執行財産等をいう。以下同じ。）の引渡し」と、同条第二項中「証拠の送付」とあるのは「執行財産等の引渡し」と、同法第四条中「共助要請書」とあるのは「譲与要請書」と、同法第十四条第一項前段中「証拠の収集を終えた」とあるのは「執行財産等を保管するに至つた」と、「収集した証拠」とあるのは「当該執行財産等」と、「送付しなければ」とあるのは「引き渡さなければ」と、同条第五項中「第一項、第三項又は前項の規定による送付」とあるのは「第一項の規定による引渡し」と、「証拠」とあるのは「執行財産等」と、「返還」とあるのは「処分」と読み替えるものとする。
（逃亡犯罪人の引渡しに関する特例）
第七十四条　逃亡犯罪人引渡法第一条第三項に規定する引渡犯罪に係る行為が日本国内において行われたとしたならば第六条の二第一項第二号に掲げる罪に係る同項若しくは同条第二項の罪又は第十条第三項の罪に当たるものである場合における同法第二条の規定の適用については、同条第三号及び第四号中「三年」とあるのは、「二年」とする。

　　　第七章　雑則

（政令等への委任）
第七十五条　この法律に定めるもののほか、没収保全と滞納処分との手続の調整について必要な事項で、滞納処分に関するものは、政令で定める。
2　この法律に定めるもののほか、第十八条の規定による第三者の参加及び裁判に関する手続、第四章に規定する没収保全及び追徴保全に関する手続並びに前章に規定する国際共助手続について必要な事項（前項に規定する事項を除く。）は、最高裁判所規則で定める。
（経過措置）
第七十六条　この法律の規定に基づき政令を制定し、又は改廃する場合においては、その政令で、その制定又は改廃に伴い合理的に必要と判断される範囲内において、所要の経過措置を定めることができる。

〔3〕 共謀罪の対象犯罪

番号	法律名	罪 名	法定刑	未遂・予備	予備罪の法定刑
1	組織的犯罪処罰法	組織的封印破棄等（3条1項1号）	5年以下の懲役		
2		組織的強制執行妨害目的財産損壊等（3条1項2号）	5年以下の懲役		
3		組織的強制執行行為妨害等（3条1項3号）	5年以下の懲役		
4		組織的強制執行関係売却妨害（3条1項4号）	5年以下の懲役		
5		組織的常習賭博（3条1項5号）	5年以下の懲役		
6		組織的賭博場開張等図利（3条1項6号）	3月以上7年以下の懲役		
7		組織的殺人（3条1項7号）	死刑・無期懲役・6年以上の懲役	未 予	5年以下
8		組織的逮捕監禁（3条1項8号）	3月以上10年以下の懲役		
9		組織的強要（3条1項9号）	5年以下の懲役	未	
10		組織的身代金目的略取等（3条1項10号）	無期懲役・5年以上の懲役	未	
11		組織的信用毀損・業務妨害（3条1項11号）	5年以下の懲役		
12		組織的威力業務妨害（3条1項12号）	5年以下の懲役		
13		組織的詐欺（3条1項13号）	1年以上の懲役	未	
14		組織的恐喝（3条1項14号）	1年以上の懲役	未	
15		組織的建造物等損壊（3条1項15号）	7年以下の懲役		
16		組織的犯人蔵匿等（7条）又は証人等買収（7条の2）	5年以下の懲役		
17		不法収益等による事業経営支配を目的とする行為（9条1項～3項）	5年以下の懲役		
18		犯罪収益等隠匿（10条1項）	5年以下の懲役	未 予	2年以下
19	刑 法	内乱等幇助（79条）	7年以下の禁錮		
20		加重逃走（98条）	3月以上5年以下の懲役	未	
21		被拘禁者奪取（99条）	3月以上5年以下の懲役	未	
22		逃走援助（100条2項）	3月以上5年以下の懲役	未	
23		騒乱（106条）	1年以上10年以下の懲役		
24		現住建造物等放火（108条）	死刑・無期懲役・5年以上の懲役	未 予	2年以下
25		非現住建造物等放火（109条1項）	2年以上の懲役	未 予	2年以下
26		建物等以外放火（110条1項）	1年以上10年以下の懲役		
27		激発物破裂（117条1項）	死刑・無期懲役・5年以上の懲役		
28		現住建造物等浸害（119条）	死刑・無期懲役・3年以上の懲役		
29		非現住建造物等浸害（120条）	1年以上10年以下の懲役		
30		往来危険（125条）	2年以上の懲役	未	
31		汽車転覆等（126条1項若しくは2項）	無期懲役・3年以上の懲役	未	
32		あへん煙輸入等（136条）	6月以上7年以下の懲役	未	
33		あへん煙吸食器具輸入等（137条）	3月以上5年以下の懲役	未	
34		あへん煙吸食場所提供（139条2項）	6月以上7年以下の懲役	未	

35		水道汚染（143条）	6月以上7年以下の懲役	
36		水道毒物等混入（146条前段）	2年以上の懲役	
37		水道損壊・閉塞（147条）	1年以上10年以下の懲役	
38		通貨偽造・行使等（148条）	無期懲役・3年以上の懲役	未
39		外国通貨偽造・行使等（149条）	2年以上の懲役	未
40		有印公文書偽造等（155条1項若しくは2項）	1年以上10年以下の懲役	
41		有印虚偽公文書作成等（156条）	1年以上10年以下の懲役	
42		公正証書原本不実記載等（157条1項）	5年以下の懲役	未
43		偽造有印公文書行使等（158条1項）	1年以上10年以下の懲役	未
44		有印私文書偽造等（159条1項若しくは2項）	3月以上5年以下の懲役	
45		偽造私文書等行使（161条1項）	3月以上5年以下の懲役	未
46		私電磁的記録不正作出・供用（161条の2第1項、3項）	5年以下の懲役	未
47		公電磁的記録不正作出・供用（161条の2第2項、3項）	10年以下の懲役	未
48		有価証券偽造等（162条）	3月以上10年以下の懲役	
49		偽造有価証券行使等（163条1項）	3月以上10年以下の懲役	未
50		支払用カード電磁的記録不正作出等（163条の2）	10年以下の懲役	未
51		不正電磁的記録カード所持（163条の3）	5年以下の懲役	
52		公印偽造・不正使用等（165条）	3月以上5年以下の懲役	未
53	刑　法	偽証（169条）	3月以上10年以下の懲役	
54		強制わいせつ（176条）	6月以上10年以下の懲役	未
55		強姦（177条）	3年以上の懲役	未
56		準強制わいせつ（178条）	6月以上10年以下の懲役	未
57		準強姦（178条）	3年以上の懲役	
58		墳墓発掘死体損壊等（191条）	3月以上5年以下の懲役	
59		収賄（197条1項前段）	5年以下の懲役	
60		事前収賄（197条2項）	5年以下の懲役	
61		第三者供賄（197条の2）	5年以下の懲役	
62		加重収賄（197条の3第1項・第2項）	1年以上の懲役	
63		事後収賄（197条の3第3項）	5年以下の懲役	
64		あっせん収賄（197の4）	5年以下の懲役	
65		傷害（204条）	15年以下の懲役	
66		未成年者略取・誘拐（224条）	3月以上7年以下の懲役	未
67		営利目的等略取・誘拐（225条）	1年以上10年以下の懲役	未
68		所在国外移送目的略取・誘拐（226条）	2年以上の懲役	未
69		人身売買（226条の2第1項、第4項若しくは第5項）	1項、4項は3月以上5年以下の懲役、5項は2年以上の有期懲役	未
70		被略取者等所在国外移送（226条の3）	2年以上の懲役	未
71		営利拐取等幇助目的被拐取者収受（227条1項）	3月以上5年以下の懲役	未
72		営利被拐取者収受（227条3項）	6月以上7年以下の懲役	未
73		身代金被拐取者収受等（227条4項）	2年以上の懲役	未
74		電子計算機損壊等業務妨害（234条の2第1項）	5年以下の懲役	未

75	刑　法	窃盗（235条）	10年以下の懲役	未	
76		不動産侵奪（235条の2）	10年以下の懲役	未	
77		強盗（236条）	5年以上の懲役	未　予	2年以下
78		事後強盗（238条）	5年以上の懲役	未	
79		昏酔強盗（239条）	5年以上の懲役	未	
80		電子計算機使用詐欺（246条の2）	10年以下の懲役	未	
81		背任（247条）	5年以下の懲役	未	
82		準詐欺（248条）	10年以下の懲役	未	
83		横領（252条）	5年以下の懲役		
84		盗品有償譲受け等（256条2項）	10年以下の懲役		
85	爆発物取締罰則	製造・輸入・所持・注文（3条）	3年以上10年以下の懲役又は禁錮		
86		幇助のための製造・輸入等（5条）	3年以上10年以下の懲役又は禁錮		
87		1条目的不証明製造・輸入・所持・注文（6条）	6月以上5年以下の懲役		
88		爆発物使用・製造等犯人の蔵匿等（9条）	10年以下の懲役又は禁錮		
89	外国貨幣紙幣等偽造変造法	偽造等（1条）	重懲役・軽懲役等	未　製造準備	6月以上5年以下の重禁錮
90		偽造外国流通貨幣等の輸入（2条）	重懲役・軽懲役等	未	
91		偽造外国流通貨幣等の行使等（3条1項）	軽懲役・6月以上5年以下の重禁錮	未	
92	印紙犯罪処罰法	偽造等（1条）	5年以下の懲役		
93		偽造印紙等の使用等（2条1項）	5年以下の懲役		
94	海底電信線保護万国連合条約罰則	海底電信線の損壊（1条1項）	5年以下の懲役	未	
95	労働基準法	強制労働（117条）	1年以上10年以下の懲役		
96	職業安定法	暴行等による職業紹介等（63条）	1年以上10年以下の懲役		
97	児童福祉法	児童淫行（60条1項）	10年以下の懲役		
98	郵便法	切手類の偽造等（85条1項）	10年以下の懲役	未　予	2年以下
99	金融商品取引法	虚偽有価証券届出書等の提出等（197条）	10年以下の懲役		
100		内部者取引等（197条の2）	5年以下の懲役		
101	大麻取締法	大麻の栽培等（24条1項）	7年以下の懲役	未　予	3年以下
102		大麻の所持等（24条の2第1項）	5年以下の懲役	未	
103		大麻の使用等（24条の3第1項）	5年以下の懲役	未	
104	船員職業安定法	暴行等による船員職業紹介等（111条）	1年以上10年以下の懲役		
105	競馬法	無資格競馬等（30条）	5年以下の懲役		
106	自転車競技法	無資格自転車競走等（56条）	5年以下の懲役		
107	外国為替及び外国貿易法	国際的な平和等の妨げとなる無許可取引等（69条の6第1項若しくは第2項）	1項は7年 2項は10年以下の懲役	未	
108		特定技術提供目的の無許可取引等（69条の7第1項）	5年以下の懲役	未	
109	電波法	電気通信業務等の用に供する無線局の無線設備の損壊等（108条の2第1項）	5年以下の懲役	未	
110	小型自動車競走法	無資格小型自動車競走等（61条）	5年以下の懲役		

〔3〕　共謀罪の対象犯罪

111	文化財保護法	重要文化財の無許可輸出（193条）	5年以下の懲役若しくは禁錮		
112		重要文化財の損壊等（195条1項）	5年以下の懲役若しくは禁錮		
113		史跡名勝天然記念物の滅失等（196条1項）	5年以下の懲役若しくは禁錮		
114	地方税法	軽油等の不正製造（144条の33第1項）	10年以下の懲役		
115		軽油引取税に係る脱税（144条の41第1項～第3項若しくは第5項）	1項から3項までは10年以下の懲役、5項は5年以下の懲役		
116	商品先物取引法	商品市場における取引等に関する風説の流布等（356条）	5年以下の懲役		
117	道路運送法	自動車道における自動車往来危険（100条1項）	5年以下の懲役	未	
118		事業用自動車の転覆等（101条1項）	10年以下の懲役	未	
119	投資信託・投資法人法	投資主の権利行使に関する利益の受供与等についての威迫行為（236条4項）	5年以下の懲役		
120	モーターボート競走法	無資格モーターボート競走等（65条）	5年以下の懲役		
121	森林法	保安林の区域内における森林窃盗（198条）	5年以下の懲役	未	
122		森林窃盗の贓物の運搬等（201条2項）	5年以下の懲役		
123		他人の森林への放火（202条1項）	2年以上の懲役		
124	覚せい剤取締法	覚醒剤の輸入等（41条1項）	1年以上の懲役	未	
125		覚醒剤の所持等（41条の2第1項）	10年以下の懲役	未	
126		営利目的覚醒剤所持（41条の2第2項）	1年以上の懲役	未	
127		覚醒剤の使用等（41条の3第1項）	10年以下の懲役	未	
128		営利目的覚醒剤使用等（41条の3第2項）	1年以上の懲役	未	
129		管理外覚醒剤の施用等（41条の4第1項）	7年以下の懲役	未	
130	出入国管理・難民認定法	在留カード偽造等（73条の3第1項～第3項）	1年以上10年以下の懲役	未	
131		偽造在留カード等所持（73条の4）	5年以下の懲役		
132		集団密航者を不法入国させる行為等（74条1項）	5年以下の懲役	未	
133		営利目的集団密航者輸送（74条の2第2項）	7年以下の懲役		
134		集団密航者の収受等（74条の4第1項）	5年以下の懲役	未	
135		営利目的難民旅行証明書等の不正受交付等（74条の6の2第2項）	5年以下の懲役		
136		営利目的不法入国者等の蔵匿等（74条の8第2項）	5年以下の懲役		
137	旅券法	旅券等の不正受交付等（23条1項）	5年以下の懲役	未	
138	地位協定実施刑事特別法	偽証（4条1項）	3月以上10年以下の懲役		
139		軍用物の損壊等（5条）	5年以下の懲役		
140	麻薬及び向精神薬取締法	ジアセチルモルヒネ等の輸入等（64条1項）	1年以上の懲役	未	
141		ジアセチルモルヒネ等の製剤等（64条の2第1項）	10年以下の懲役	未	
142		営利目的ジアセチルモルヒネ等の製剤等（64条の2第2項）	1年以上の懲役	未	
143		ジアセチルモルヒネ等の施用等（64条の3第1項）	10年以下の懲役	未	

144	麻薬及び向精神薬取締法	営利目的ジアセチルモルヒネ等の施用等（64条の3第2項）	1年以上の懲役	未	
145		ジアセチルモルヒネ等以外の麻薬の輸入等（65条1項）	1年以上10年以下の懲役	未	
146		営利目的ジアセチルモルヒネ等以外の麻薬輸入等（65条2項）	1年以上の懲役	未	
147		ジアセチルモルヒネ等以外の麻薬の製剤等（66条1項）	7年以下の懲役	未	
148		麻薬の施用等（66条の2第1項）	7年以下の懲役	未	
149		向精神薬の輸入等（66条の3第1項）	5年以下の懲役	未	
150		営利目的向精神薬の譲渡等（66条の4第2項）	5年以下の懲役	未	
151	有線電気通信法	有線電気通信設備の損壊等（13条1項）	5年以下の懲役	未	
152	武器等製造法	銃砲の無許可製造（31条1項）	3年以上の懲役	未	
153		銃砲弾の無許可製造（31条の2第1項）	7年以下の懲役	未	
154		猟銃の無許可製造（31条の3第4号）	5年以下の懲役		
155	ガス事業法	ガス工作物の損壊等（53条1項）	5年以下の懲役		
156	関税法	輸出してはならない貨物の輸出（108条の4第1項若しくは2項）	10年以下の懲役	未　予	5年以下
157		輸入してはならない貨物の輸入（109条1項若しくは2項）	10年以下の懲役	未　予	5年以下
158		輸入してはならない貨物の保税地域への蔵置等（109条の2第1項若しくは2項）	10年以下の懲役	未　予	5年以下
159		偽りにより関税を免れる行為等（110条1項若しくは2項）	10年以下の懲役	未　予	5年以下
160		無許可輸出等（111条1項若しくは2項）	5年以下の懲役	未　予	3年以下
161		輸出してはならない貨物の運搬等（112条1項）	5年以下の懲役		
162	あへん法	けしの栽培等（51条1項）	1年以上10年以下の懲役	未	
163		営利目的けしの栽培等（51条2項）	1年以上の懲役	未	
164		あへんの譲渡し等（52条1項）	7年以下の懲役		
165	自衛隊法	自衛隊の所有する武器等の損壊等（121条）	5年以下の懲役		
166	出資の受け入れ、預り金等の取締法	高金利の契約等（5条）	5年以下の懲役		
167		業として行う高金利の契約等（5条）	5年以下の懲役		
168		高保証料（5条の2第1項）	5年以下の懲役		
169		保証料がある場合の高金利（5条の3）	5年以下の懲役		
170		業として行う著しい高金利の脱法行為等（8条1項若しくは2項）	1項は5年以下の懲役、2項は10年以下の懲役		
171	補助金等に係る予算執行の適正化法	不正の手段による補助金等の受交付等（29条）	5年以下の懲役		
172	売春防止法	対償の収受等（8条1項）	5年以下の懲役		
173		業として行う場所の提供（11条2項）	7年以下の懲役		
174		売春をさせる業（12条）	10年以下の懲役		
175		資金等の提供（13条）	1項は5年以下の懲役、2項は7年以下の懲役		
176	高速自動車国道法	高速自動車国道の損壊等（26条1項）	5年以下の懲役	未	
177	水道法	水道施設の損壊等（51条1項）	5年以下の懲役		
178	銃刀法	拳銃等の発射（31条2項若しくは3項）	無期懲役・5年以上の懲役		

179	銃刀法	拳銃等の輸入（31条の2第1項）	3年以上の懲役	未	
180		拳銃等の所持等（31条の3第3項若しくは4項）	3項1号は1年以上15年以下の懲役、3項2号は1年以上の有期懲役、3項3号は5年以上の有期懲役		
181		拳銃等の譲渡し等（31条の4第1項）	1年以上10年以下の懲役	未	
182		営利目的の拳銃等の譲渡し等（31条の4第2項）	3年以上の懲役	未	
183		偽りの方法による拳銃等所持の許可（31条の6）	10年以下の懲役		
184		拳銃実包の輸入（31条の7第1項）	7年以下の懲役	未	
185		拳銃実包の所持（31条の8）	5年以下の懲役		
186		拳銃実包の譲渡し等（31条の9第1項）	5年以下の懲役	未	
187		猟銃の所持等（31条の11第1項）	5年以下の懲役	未	
188		拳銃等の輸入に係る資金等の提供（31条の13）	5年以下の懲役		
189	下水道法	公共下水道の施設の損壊等（44条1項）	5年以下の懲役		
190	特許法	特許権等の侵害（196条又は196条の2）	196条は10年以下の懲役、196条の2は5年以下の懲役		
191	実用新案法	実用新案権等の侵害（56条）	5年以下の懲役		
192	意匠法	意匠権等の侵害（69条又は69条の2）	69条は10年以下の懲役、69条の2は5年以下の懲役		
193	商標法	商標権等の侵害（78条又は78条の2）	78条は10年以下の懲役、78条の2は5年以下の懲役		
194	道路交通法	不正な信号機の操作等（115条）	5年以下の懲役		
195	医薬品等の品質等の安全性確保の法律	業として行う指定薬物の製造等（83条の9）	5年以下の懲役		
196	新幹線鉄道運行安全阻害行為処罰法	自動列車制御設備の損壊等（2条1項）	5年以下の懲役		
197	電気事業法	電気工作物の損壊等（115条1項）	5年以下の懲役	未	
198	所得税法	偽りその他不正行為による所得税の免脱等（238条1項若しくは3項若しくは239条1項）	10年以下の懲役		
199		偽りその他不正行為による所得税の免脱（238条1項若しくは3項若しくは239条1項）	10年以下の懲役		
200		所得税の不納付（240条1項）	10年以下の懲役		
201	法人税法	偽りにより法人税を免れる行為等（159条1項又は3項）	1項は10年以下の懲役、3項は5年以下の懲役		
202	海底電線等の損壊行為処罰法	海底電線の損壊（1条1項）		未	
203		海底パイプライン等の損壊（2条1項）	5年以下の懲役	未	
204	著作権法	著作権等の侵害等（119条1項又は2項）	10年以下の懲役		
205	ハイジャック防止法	航空機の強取等（1条1項）	無期懲役・7年以上の懲役	未	
206		航空機の運航阻害（4条）	1年以上10年以下の懲役		
207	廃棄物処理法	無許可廃棄物処理業等（25条1項）	5年以下の懲役	未	
208	火炎びん処罰法	火炎びんの使用（2条1項）	7年以下の懲役	未	
209	熱供給事業法	熱供給施設の損壊等（34条1項）	5年以下の懲役	未	
210	航空の危険を生じさせる行為処罰法	航空危険（1条）	3年以上の懲役	未	

211	航空の危険を生じさせる行為処罰法	航行中の航空機を墜落させる行為等（2条1項）	無期懲役・3年以上の懲役	未	
212		業務中の航空機の破壊等（3条1項）	1年以上10年以下の懲役	未	
213		業務中の航空機への爆発物等の持込み（4条）	爆発物の持込みは3年以上の有期懲役、その他の物の持込みは2年以上の有期懲役	未	
214	人質強要行為処罰法	人質による強要等（1条1項若しくは2項）	6月以上10年以下の懲役	未	
215		加重人質強要（2条）	無期懲役・5年以上の懲役		
216	細菌兵器条約実施法	生物兵器等の使用（9条1項）	無期懲役・2年以上の懲役	未	
217	細菌兵器条約実施法	生物剤等の発散（9条2項）	10年以下の懲役	未	
218		生物兵器等の製造（10条1項）	1年以上の懲役	未	
219		生物兵器等の所持等（10条2項）	10年以下の懲役		
220	貸金業法	無登録営業等（47条）	10年以下の懲役		
221	労働者派遣事業法	有害業務目的の労働者派遣（58条）	1年以上10年以下の懲役		
222	流通食品毒物混入防止法	流通食品への毒物の混入等（9条1項）	10年以下の懲役	未	
223	消費税法	偽りにより消費税を免れる行為等（64条1項又は4項）	1項は10年以下の懲役、4項は5年以下の懲役	未	
224	出入国管理特例法	特別永住者証明書の偽造等（26条1項～3項）	1年以上10年以下の懲役		
225		偽造特別永住者証明書等の所持（27条）	5年以下の懲役		
226	麻薬特例法	薬物犯罪収益等隠匿（6条1項）	5年以下の懲役	未	
227	種の保存法	国内希少野生動植物種の捕獲等（57条の2）	5年以下の懲役		
228	不正競争防止法	営業秘密侵害等（21条1項～3項）	1項、3項は10年以下の懲役、2項は5年以下の懲役	未	
229		不正競争等（21条1項～3項）		未	
230	化学兵器禁止法	化学兵器の使用（38条1項）	無期懲役・2年以上の懲役	未	
231		毒性物質等の発散（38条2項）	10年以下の懲役	未	
232		化学兵器の製造（39条1項）	1年以上の懲役	未	
233		化学兵器の所持（39条2項）	10年以下の懲役	未	
234		毒性物質等の製造等（39条3項）	7年以下の懲役	未	
235	サリン防止法	サリン等の発散（5条1項）	無期懲役・2年以上の懲役	未	
236		サリン等の製造等（6条1項）	7年以下の懲役	未　予	3年以下
237	保険業法	株主等の権利の行使に関する利益の受供与等についての威迫行為（331条4項）	5年以下の懲役		
238	臓器移植法	臓器売買等（20条1項）	5年以下の懲役		
239	スポーツ振興投票法	無資格スポーツ振興投票（32条）	5年以下の懲役		
240	種苗法	育成者権の侵害（67条）	10年以下の懲役		
241	資産の流動化に関する法律	社員等の権利等の行使に関する利益の受供与等についての威迫行為（311条6項）	5年以下の懲役		
242	感染症予防法	一種病原体等の発散（67条1項）	無期懲役・2年以上の懲役	未	
243		一種病原体等の輸入（68条1項若しくは2項）	10年以下の懲役	未	
244		一種病原体等の所持等（69条1項）	7年以下の懲役	未	
245		二種病原体等の輸入（70条）	5年以下の懲役		

246	地雷禁止法	対人地雷の製造（22条1項）	7年以下の懲役	未		
247		対人地雷の所持（23条）	7年以下の懲役			
248	児童ポルノ禁止法	児童買春周旋（5条1項）	5年以下の懲役			
249		児童買春勧誘（6条1項）	5年以下の懲役			
250		児童ポルノ等の不特定又は多数の者に対する提供等（7条6項〜8項）	5年以下の懲役			
251	民事再生法	詐欺再生（255条）	10年以下の懲役			
252		特定の債権者に対する担保の供与等（256条）	5年以下の懲役			
253	資金提供処罰法	公衆等脅迫目的の犯罪実行をしようとする者による資金等を提供させる行為（2条1項）	10年以下の懲役	未		
254		上記以外の者による資金等の提供（3条1項〜3項若しくは4条1項）	10年以下の懲役	未		
255	認証業務に関する法律	不実の署名用電子証明書等を発行させる行為（73条1項）	5年以下の懲役	未		
256	会社更生法	詐欺更生（266条）	10年以下の懲役			
257		特定の債権者等に対する担保の供与等（267条）	5年以下の懲役			
258	破産法	詐欺破産（265条）	10年以下の懲役			
259		特定の債権者等に対する担保の供与等（266条）	5年以下の懲役			
260	会社法	会社財産を危うくする行為（963条）	5年以下の懲役			
261		虚偽文書行使等（964条）	5年以下の懲役			
262		預合い（965条）	5年以下の懲役			
263		株式の超過発行（966条）	5年以下の懲役			
264		株主等の権利行使に関する贈収賄（968条）	5年以下の懲役			
265		利益の受供与等についての威迫行為（970条4項）	5年以下の懲役			
266	国際刑事裁判所協力法	組織的犯罪に係る証拠隠滅等（56条）	5年以下の懲役			
267		偽証（57条1項）	3月以上10年以下の懲役			
268	放射線危険行為処罰法	放射線の発散等（3条1項）	無期懲役・2年以上の懲役	未	予	5年以下
269		原子核分裂等装置の製造（4条1項）	1年以上の懲役	未		
270		原子核分裂等装置の所持（5条1項若しくは2項）	1項は10年以下の懲役、2項は7年以下の懲役	未		
271		特定核燃料物質の輸出入（6条1項）	7年以下の懲役	未	予	3年以下
272		放射性物質の使用の告知による脅迫（7条）	5年以下の懲役			
273		特定核燃料物質の窃取等の告知による強要（8条）	5年以下の懲役			
274	海賊行為処罰法	海賊行為（3条1項又は3項）	1項は無期懲役・5年以上の懲役、3項は5年以下の懲役	未		
275	クラスター弾規制法	クラスター弾等の製造（21条1項）	7年以下の懲役	未		
276		クラスター弾等の所持（22条）	7年以下の懲役	未		
277	環境汚染対処特別措置法	汚染廃棄物等の投棄等（60条1項）	5年以下の懲役	未		

＊277の犯罪のうち、既遂のみ処罰：134、予備なし未遂処罰：131、予備処罰：12

〔4〕 組織的な犯罪の処罰及び犯罪収益の規制等に関する法律　新旧対照条文表

（下線部分は改正部分）

新条文	改正前
（目的） 第一条　この法律は、組織的な犯罪が平穏かつ健全な社会生活を著しく害し、及び犯罪による収益がこの種の犯罪を助長するとともに、これを用いた事業活動への干渉が健全な経済活動に重大な悪影響を与えることに鑑み、並びに国際的な組織犯罪の防止に関する国際連合条約を実施するため、組織的に行われた殺人等の行為に対する処罰を強化し、犯罪による収益の隠匿及び収受並びにこれを用いた法人等の事業経営の支配を目的とする行為を処罰するとともに、犯罪による収益に係る没収及び追徴の特例等について定めることを目的とする。	（目的） 第一条　この法律は、組織的な犯罪が平穏かつ健全な社会生活を著しく害し、及び犯罪による収益がこの種の犯罪を助長するとともに、これを用いた事業活動への干渉が健全な経済活動に重大な悪影響を与えることにかんがみ、組織的に行われた殺人等の行為に対する処罰を強化し、犯罪による収益の隠匿及び収受並びにこれを用いた法人等の事業経営の支配を目的とする行為を処罰するとともに、犯罪による収益に係る没収及び追徴の特例等について定めることを目的とする。
（定義） 第二条　（略） 2　この法律において「犯罪収益」とは、次に掲げる財産をいう。 　一　財産上の不正な利益を得る目的で犯した次に掲げる罪の犯罪行為（日本国外でした行為であって、当該行為が日本国内において行われたとしたならばこれらの罪に当たり、かつ、当該行為地の法令により罪に当たるものを含む。）により生じ、若しくは当該犯罪行為により得た財産又は当該犯罪行為の報酬として得た財産 　　イ　死刑又は無期若しくは長期四年以上の懲役若しくは禁錮の刑が定められている罪（ロに掲げる罪及び国際的な協力の下に規制薬物に係る不正行為を助長する行為等の防止を図るための麻薬及び向精神薬取締法等の特例等に関する法律（平成三年法律第九十四号。以	（定義） 第二条　（略） 2　（同左） 　一　財産上の不正な利益を得る目的で犯した別表に掲げる罪の犯罪行為（日本国外でした行為であって、当該行為が日本国内において行われたとしたならばこれらの罪に当たり、かつ、当該行為地の法令により罪に当たるものを含む。）により生じ、若しくは当該犯罪行為により得た財産又は当該犯罪行為の報酬として得た財産

下「麻薬特例法」という。）第二条第二項各号に掲げる罪を除く。） 　ロ　別表第一（第三号を除く。）又は別表第二に掲げる罪 二　次に掲げる罪の犯罪行為（日本国外でした行為であって、当該行為が日本国内において行われたとしたならばイ、ロ又はニに掲げる罪に当たり、かつ、当該行為地の法令により罪に当たるものを含む。）により提供された資金 　イ　覚せい剤取締法（昭和二十六年法律第二百五十二号）第四十一条の十（覚醒剤原料の輸入等に係る資金等の提供等）の罪 　ロ〜ニ　（略） 三　次に掲げる罪の犯罪行為（日本国外でした行為であって、当該行為が日本国内において行われたとしたならばこれらの罪に当たり、かつ、当該行為地の法令により罪に当たるものを含む。）により供与された財産 　イ　第七条の二（証人等買収）の罪 　ロ　不正競争防止法（平成五年法律第四十七号）第十八条第一項の違反行為に係る同法第二十一条第二項第七号（外国公務員等に対する不正の利益の供与等）の罪 四　（略） 五　第六条の二第一項又は第二項（テロリズム集団その他の組織的犯罪集団による実行準備行為を伴う重大犯罪遂行の計画）の罪の犯罪行為である計画（日本国外でした行為であって、当該行為が日本国内において行われたとしたならば当該罪に当たり、かつ、当該行為地の法令により罪に当たるものを含む。）をした者が、計画をした犯罪の実行のための資金として使用する目的で取得した財産 3・4　（略） 5　この法律において「薬物犯罪収益」と	二　（同左） 　イ　覚せい剤取締法（昭和二十六年法律第二百五十二号）第四十一条の十（覚せい剤原料の輸入等に係る資金等の提供等）の罪 　ロ〜ニ　（略） 三　不正競争防止法（平成五年法律第四十七号）第十八条第一項の違反行為に係る同法第二十一条第二項第七号（外国公務員等に対する不正の利益の供与等）の罪の犯罪行為（日本国外でした行為であって、当該行為が日本国内において行われたとしたならば当該罪に当たり、かつ、当該行為地の法令により罪に当たるものを含む。）により供与された財産 四　（略） (新設) 3・4　（略） 5　この法律において「薬物犯罪収益」と

新	旧
は、麻薬特例法第二条第三項に規定する薬物犯罪収益をいう。	は、国際的な協力の下に規制薬物に係る不正行為を助長する行為等の防止を図るための麻薬及び向精神薬取締法等の特例等に関する法律（平成三年法律第九十四号。以下「麻薬特例法」という。）第二条第三項に規定する薬物犯罪収益をいう。

6・7　（略）　　　　　　　　　　　　　　6・7（略）

（組織的な殺人等）　　　　　　　　　　　（組織的な殺人等）
第三条　（略）　　　　　　　　　　　　　第三条　（略）
2　団体に不正権益（団体の威力に基づく一定の地域又は分野における支配力であって、当該団体の構成員による犯罪その他の不正な行為により当該団体又はその構成員が継続的に利益を得ることを容易にすべきものをいう。以下この項及び第六条の二第二項において同じ。）を得させ、又は団体の不正権益を維持し、若くは拡大する目的で、前項各号（第五号、第六号及び第十三号を除く。）に掲げる罪を犯した者も、同項と同様とする。

2　団体に不正権益（団体の威力に基づく一定の地域又は分野における支配力であって、当該団体の構成員による犯罪その他の不正な行為により当該団体又はその構成員が継続的に利益を得ることを容易にすべきものをいう。以下この項において同じ。）を得させ、又は団体の不正権益を維持し、若しくは拡大する目的で、前項各号（第五号、第六号及び第十三号を除く。）に掲げる罪を犯した者も、同項と同様とする。

（テロリズム集団その他の組織的犯罪集団による実行準備行為を伴う重大犯罪遂行の計画）
第六条の二　次の各号に掲げる罪に当たる行為で、テロリズム集団その他の組織的犯罪集団（団体のうち、その結合関係の基礎としての共同の目的が別表第三に掲げる罪を実行することにあるものをいう。次項において同じ。）の団体の活動として、当該行為を実行するための組織により行われるものの遂行を二人以上で計画した者は、その計画をした者のいずれかによりその計画に基づき資金又は物品の手配、関係場所の下見その他の計画をした犯罪を実行するための準備行為が行われたときは、当該各号に定める刑に処する。ただし、実行に着手する前に自首した者は、その刑を減軽し、又は免除する。

（新設）

一　別表第四に掲げる罪のうち、死刑又は無期若しくは長期十年を超える懲役若しくは禁錮の刑が定められているもの　五年以下の懲役又は禁錮
　二　別表第四に掲げる罪のうち、長期四年以上十年以下の懲役又は禁錮の刑が定められているもの　二年以下の懲役又は禁錮
２　前項各号に掲げる罪に当たる行為で、テロリズム集団その他の組織的犯罪集団に不正権益を得させ、又はテロリズム集団その他の組織的犯罪集団の不正権益を維持し、若しくは拡大する目的で行われるものの遂行を二人以上で計画した者も、その計画をした者のいずれかによりその計画に基づき資金又は物品の手配、関係場所の下見その他の計画をした犯罪を実行するための準備行為が行われたときは、同項と同様とする。
３　別表第四に掲げる罪のうち告訴がなければ公訴を提起することができないものに係る前二項の罪は、告訴がなければ公訴を提起することができない。
４　第一項及び第二項の罪に係る事件についての刑事訴訟法(昭和二十三年法律第百三十一号)第百九十八条第一項の規定による取調べその他の捜査を行うに当たっては、その適正の確保に十分に配慮しなければならない。

(証人等買収)
第七条の二　次に掲げる罪に係る自己又は他人の刑事事件に関し、証言をしないこと、若しくは虚偽の証言をすること、又は証拠を隠滅し、偽造し、若しくは変造すること、若しくは偽造若しくは変造の証拠を使用することの報酬として、金銭その他の利益を供与し、又はその申込み若しくは約束をした者は、二年以下の懲役又は三十万円以下の罰金に処する。
　一　死刑又は無期若しくは長期四年以上の

(新設)

懲役若しくは禁錮の刑が定められている罪（次号に掲げる罪を除く。） 　二　別表第一に掲げる罪 2　前項各号に掲げる罪に当たる行為が、団体の活動として、当該行為を実行するための組織により行われた場合、又は同項各号に掲げる罪が第三条第二項に規定する目的で犯された場合において、前項の罪を犯した者は、五年以下の懲役又は五十万円以下の罰金に処する。	
（国外犯） 第十二条　<u>第三条第一項第九号、第十一号、第十二号及び第十五号に掲げる罪に係る同条の罪、第六条第一項第一号に掲げる罪に係る同条の罪並びに第六条の二第一項及び第二項の罪は刑法第四条の二の例に、第九条第一項から第三項まで及び前二条の罪は同法第三条の例に従う。</u>	（国外犯） 第十二条　第九条第一項から第三項まで及び前二条の罪は、<u>刑法第三条の例に従う。</u>
（犯罪収益等の没収等） 第十三条　（略） 2　前項各号に掲げる財産が犯罪被害財産（次に掲げる罪の犯罪行為によりその被害を受けた者から得た財産又は当該財産の保有若しくは処分に基づき得た財産をいう。以下同じ。）であるときは、これを没収することができない。同項各号に掲げる財産の一部が犯罪被害財産である場合において、当該部分についても、同様とする。 　一～四　（略） 　<u>五　補助金等に係る予算の執行の適正化に関する法律（昭和三十年法律第百七十九号）第二十九条（不正の手段による補助金等の受交付等）の罪</u> 　<u>六　航空機工業振興法（昭和三十三年法律第百五十号）第二十九条（不正の手段による交付金等の受交付等）の罪</u> 　<u>七　人質による強要行為等の処罰に関する法律（昭和五十三年法律第四十八号）第</u>	（犯罪収益等の没収等） 第十三条　（略） 2　（同上） 　一～四　（略） 　（新設） 　（新設） 　（新設）

一条から第四条まで（人質による強要等、加重人質強要、人質殺害）の罪	
八　金融機関等の更生手続の特例等に関する法律（平成八年法律第九十五号）第五百四十九条（詐欺更生）の罪	（新設）
九　民事再生法（平成十一年法律第二百二十五号）第二百五十五条（詐欺再生）の罪	（新設）
十　会社更生法（平成十四年法律第百五十四号）第二百六十六条（詐欺更生）の罪	（新設）
十一　破産法（平成十六年法律第七十五号）第二百六十五条（詐欺破産）の罪	（新設）
十二　（略）	五　（略）
（削る）	六　別表第四十一号、第五十二号、第六十五号、第七十一号、第七十六号又は第七十八号に掲げる罪
3～5　（略）	3～5　（略）

（没収保全命令）

第二十二条　裁判所は、<u>第二条第二項第一号イ若しくはロ若しくは同項第二号ニに掲げる罪又は第十条第三項若しくは第十一条の罪に係る被告事件に関し、この法律その他の法令の規定により没収することができる財産</u>（以下「没収対象財産」という。）に当たると思料するに足りる相当な理由があり、かつ、これを没収するため必要があると認めるときは、検察官の請求により、又は職権で、没収保全命令を発して、当該没収対象財産につき、この節の定めるところにより、その処分を禁止することができる。

2～5　（略）

6　没収保全がされた不動産又は動産については、刑事訴訟法の規定により押収することを妨げない。

（追徴保全命令）

（没収保全命令）

第二十二条　裁判所は、<u>別表若しくは第二条第二項第二号イからニまでに掲げる罪、同項第三号若しくは第四号に規定する罪又は第九条第一項から第三項まで、第十条若しくは第十一条の罪に係る被告事件に関し、不法財産</u>であってこの法律その他の法令の規定により没収することができる<u>もの</u>（以下「没収対象財産」という。）に当たると思料するに足りる相当な理由があり、かつ、これを没収するため必要があると認めるときは、検察官の請求により、又は職権で、没収保全命令を発して、当該没収対象財産につき、この節の定めるところにより、その処分を禁止することができる。

2～5　（略）

6　没収保全がされた不動産又は動産については、刑事訴訟法<u>（昭和二十三年法律第百三十一号）</u>の規定により押収することを妨げない。

（追徴保全命令）

新	旧
第四十二条　裁判所は、第二条第二項第一号イ若しくはロ若しくは同項第二号ニに掲げる罪又は第十条第三項若しくは第十一条の罪に係る被告事件に関し、この法律その他の法令の規定により不法財産の価額を追徴すべき場合に当たると思料するに足りる相当な理由がある場合において、追徴の裁判の執行をすることができなくなるおそれがあり、又はその執行をするのに著しい困難を生ずるおそれがあると認めるときは、検察官の請求により、又は職権で、追徴保全命令を発して、被告人に対し、その財産の処分を禁止することができる。	第四十二条　裁判所は、別表若しくは第二条第二項第二号イからニまでに掲げる罪、同項第三号若しくは第四号に規定する罪又は第九条第一項から第三項まで、第十条若しくは第十一条の罪に係る被告事件に関し、この法律その他の法令の規定により不法財産の価額を追徴すべき場合に当たると思料するに足りる相当な理由がある場合において、追徴の裁判の執行をすることができなくなるおそれがあり、又はその執行をするのに著しい困難を生ずるおそれがあると認めるときは、検察官の請求により、又は職権で、追徴保全命令を発して、被告人に対し、その財産の処分を禁止することができる。
2〜5　（略）	2〜5　（略）
（共助の実施）	（共助の実施）
第五十九条　外国の刑事事件（麻薬特例法第十六条第二項に規定する薬物犯罪等に当たる行為に係るものを除く。）に関して、当該外国から、没収若しくは追徴の確定裁判の執行又は没収若しくは追徴のための財産の保全の共助の要請があったときは、次の各号のいずれかに該当する場合を除き、当該要請に係る共助をすることができる。	第五十九条　（同上）
一　共助犯罪（共助の要請において犯されたとされている犯罪をいう。以下この項において同じ。）に係る行為が日本国内において行われたとした場合において、当該行為が第二条第二項第一号イ若しくはロ若しくは同項第二号ニに掲げる罪又は第十条第三項若しくは第十一条の罪に当たるものでないとき。	一　共助犯罪（共助の要請において犯されたとされている犯罪をいう。以下この項において同じ。）に係る行為が日本国内において行われたとした場合において、当該行為が別表若しくは第二条第二項第二号イからニまでに掲げる罪、同項第三号若しくは第四号に規定する罪又は第九条第一項から第三項まで、第十条若しくは第十一条の罪に当たるものでないとき。
二〜七　（略）	二〜七　（略）
2・3　（略）	2・3　（略）
（逃亡犯罪人の引渡しに関する特例）	（逃亡犯罪人の引渡しに関する特例）
第七十四条　逃亡犯罪人引渡法第一条第三項	第七十四条　逃亡犯罪人引渡法第一条第三項

に規定する引渡犯罪に係る行為が日本国内において行われたとしたならば第六条の二第一項第二号に掲げる罪に係る同項若しくは同条第二項の罪又は第十条第三項の罪に当たるものである場合における同法第二条の規定の適用については、同条第三号及び第四号中「三年」とあるのは、「二年」とする。	に規定する引渡犯罪に係る行為が日本国内において行われたとしたならば第十条第三項の罪に当たるものである場合における同法第二条の規定の適用については、同条第三号及び第四号中「三年」とあるのは、「二年」とする。

■執筆者紹介

松宮　孝明（まつみや・たかあき）

1958年生．京都大学大学院法学研究科博士課程後期課程単位取得退学／博士（法学）
現在、立命館大学大学院法務研究科教授
〔主要業績〕
『刑事過失論の研究』（成文堂、1989年．補正版、2004年）
『刑事立法と犯罪体系』（成文堂、2003年）
『過失犯論の現代的課題』（成文堂、2004年）

Horitsu Bunka Sha

「共謀罪」を問う
――法の解釈・運用をめぐる問題点

2017年9月10日　初版第1刷発行

著　者　松　宮　孝　明
発行者　田　靡　純　子
発行所　株式会社　法律文化社

〒603-8053
京都市北区上賀茂岩ヶ垣内町71
電話　075(791)7131　FAX 075(721)8400
http://www.hou-bun.com/

＊乱丁など不良本がありましたら、ご連絡ください。
　お取り替えいたします。

印刷：中村印刷㈱／製本：㈱吉田三誠堂製本所
装幀：谷本天志
ISBN 978-4-589-03867-8
ⓒ2017 Takaaki Matsumiya Printed in Japan

JCOPY　〈(社)出版者著作権管理機構　委託出版物〉

本書の無断複写は著作権法上での例外を除き禁じられています。複写される
場合は、そのつど事前に、(社)出版者著作権管理機構（電話 03-3513-6969、
FAX 03-3513-6979、e-mail: info@jcopy.or.jp）の許諾を得てください。

伊地知紀子・新ヶ江章友編
本当は怖い自民党改憲草案
四六判・248頁・2000円

改憲が現実味をおびはじめるなか、自民党がどのような国を築こうとしているのかという未来予想図を描く。もしも、自民党改憲草案が、新たな憲法になったら……。私たちの生活の変化を念頭に7つのテーマ、5つの論点、2つの全体像にわけてシミュレートする。

日本の刑事法学がこれまで蓄積してきた知の財産目録
――現在までの到達点を示し、刑事法学の基礎を示す――

伊東研祐・松宮孝明編
リーディングス刑法
●A5判・510頁・5900円

川崎英明・葛野尋之編
リーディングス刑事訴訟法
●A5判・430頁・5500円

朴 元奎・太田達也編
リーディングス刑事政策
●A5判・400頁・5300円

松宮孝明編
ハイブリッド刑法総論〔第2版〕
ハイブリッド刑法各論〔第2版〕
A5判・340頁・3300円／390頁・3400円

基本から応用までをアクセントをつけて解説した刑法の基本書。レイアウトや叙述スタイルに工夫をこらし、基礎から発展的トピックまでを具体的な事例を用いてわかりやすく説明。総論・各論を相互に参照・関連させて学習の便宜を図る。

松宮孝明編
判例刑法演習
A5判・346頁・3400円

多様な犯罪類型を知ってはじめて応用できる法概念と「判例」の射程、そのおよばない部分での論理的な考え方を涵養する。刑法総論と各論を有機的に結びつけ、応用できることを目標とした演習書。

金 尚均編
ヘイト・スピーチの法的研究
A5判・198頁・2800円

ジャーナリズム、社会学の知見を前提に、憲法学と刑法学の双方からヘイト・スピーチの法的規制の是非を問う。「表現の自由」を思考停止の言葉とせず、実態をふまえて、冷静かつ建設的な議論の土台を提示する。

――法律文化社――

表示価格は本体（税別）価格です